Mind Element Color Therapy System

カラーリーディング

マインドエレメント研究所
カラーセラピスト **深瀬啓介**

文芸社

もくじ

カラーリーディングの世界へようこそ！　……5

chapter 1　カラーリーディングを始めよう！　……7
　○気になる色を選んでみましょう　……8
　○深い意識からのメッセージを受け取る　……11
　○色を使って深層意識と対話する　……13
　○メッセージを受け取るコツ　……18
　コラム１：意識の奥深くには何がある？　……20

chapter 2　カラーリーディングでカウンセリング！
　　　　　　　　　　　　　　　　　　　　　　……23
　○問題の本質と解決を知る　……24
　○深層意識が話す真実の物語　……26
　○真実の関係を探る　……31
　○カラーリーディングのまとめ　……36
　○深層意識の５つのメッセージ　……37
　○カラーリーディングにおける不思議な体験　……41
　○子どもと一緒に楽しむ　……45
　コラム２：カードを使わないカラーリーディング　……48

chapter 3　色のストーリー　……51
　○色と色の関係を読み解く　……52
　○色の輪に隠された壮大な人生の物語　……62
　○色の輪の世界　……66
　コラム３：色が見えると何が分かるのか？　……68

chapter 4　色のメッセージ　……71
　【1：レッド／赤】　……72
　【2：オレンジ／橙】　……74
　【3：イエロー／黄】　……76
　【4：イエローグリーン／黄緑】　……78
　【5：グリーン／ビリジアン／緑】　……80
　【6：ターコイズグリーン／青緑】　……82
　【7：ブルー／青】　……84
　【8：インディゴ／紺】　……86
　【9：パープル／バイオレット／紫】　……88
　【10：マゼンタ／赤紫】　……90
　【11：ピンク／桃色】　……92
　【12：ピーチ／ペールオレンジ／ベージュ／コーラル／薄橙】
　　　　　　　　　　　　　　　　　　　　　　　……94
　【13：シアン／空色／水色】　……96
　【14：ブラウン／茶／焦茶】　……98
　【15：ダークグリーン／オリーブ／深緑】　……100

【16：ブラック／黒】　……102
【17：グレー／灰】　……104
【18：ホワイト／白】　……106

カラーリーディングからカラーセラピーへ……
　　　　　　　　　　　　　　　　　……108

イラスト：株式会社エクスマインド

カラーリーディングの世界へようこそ！

「あなたが目にする色は、全てあなたの心を映し出す鏡です」と言ったら驚きますか？

　この本では、色を使って心の奥底を読み解いていく『カラーリーディング』という方法を紹介します。

　普段私たちは「自分は今〜をしている」「自分は今〜を思っている」「自分は今〜を考えている」ということが分かっています。でも、驚くことに近年の脳科学によって分かってきたことは、「自分が今〜している」という感覚は脳によって作られた"幻覚"だということです。どうやら、脳にはこの幻覚を作り上げているもう一人の「隠れた自分」がいるようです。この「隠れた自分」には"自分"という自覚はありません。

　心理学では「隠れた自分」のことを"深層意識"と呼んでいます。人の思考や行動のほぼ全てのことは深層意識によるもので、表面にいる"自分"は深層意識の働きに気付くことなく、あたかも自由意志があるかのように日常を体験しています。このように、深層意識は意識の大部分を占めていて、"自分"として感じている意識は意識全体からすると４％以下ともいわれています。もし、それだけ大きい深層意識のことを知ることができたとしたら、怖れや不安などの悩みを解消することも、抱えている問題を解決するよいアイディアを得ることもできるかもしれません。上手くいかないことがあるとすれば、どうして

深層意識は上手くいかないようにしているのかという理由を知ることができるでしょう。深層意識のあなたは何を計画しているのでしょうか？　本当のあなたはどんな人なのでしょうか？

　さらに、深層意識の最も深い所では、みんなとつながっている集合的無意識というのもあります。色は集合的無意識にもつながっていますので、カラーリーディングはあなた自身のことだけではなく、他の人のことも扱うことができます。そのため、カウンセリングにも応用できるのです。

　カラーリーディングは色を使って深層意識を探る方法ですが、それ以外にも直感が鍛えられる、インスピレーションを受け取る力が強くなる、集中力が高くなる、現実も夢の中も色鮮やかになるなどの効果もあります。

　カラーリーディングは単なる占いではありませんし、安易に「この色にはこんな意味があるから、あなたはこういう人だ」という決め付けを目的としていません。あなたの心の奥深く、あなたの人生の目的やストーリー、さらに、人類や生命に共通する深い意識まで潜って真実を見つけてくることができる方法です。今のあなたに起きている本当のこと、あなたが知らず知らずに進んでいる道のこと、仕事や人間関係や健康など……、あなたの問いに対する真実の答えはあなたしか知らないのです。

　真実の自分と対話するカラーリーディングを楽しんでみましょう。

chapter 1

カラーリーディングを始めよう！

○気になる色を選んでみましょう

　この本にはカラーリーディングを行うための番号が付いた18枚の色のカードがついています。1番は赤っぽい色ですが、「赤」という名前はカードに書かれていません。赤には紫色に近いローズレッドやオレンジ色に近い朱などさまざまな赤がありますが、カードはそれら赤系の代表と考えてください。

　赤からイメージされるのは「火」や「リンゴ」、「情熱」や「怒り」、「痛み」や「暑さ」などがあります。赤の色の違いによってイメージには若干違いが出るかもしれませんが、さほど大きくは変わらないものです。しかし、青と赤ではイメージは大きく変わります。このようにイメージに違いが出てくる色を集めた結果18色になりました。

　あなたの深層意識が色に表れてきますので、それに気付く方法がカラーリーディングです。しかし、あなたが期待するような明確な答えがすぐに得られるかどうかはわかりません。色からメッセージを受け取るということに慣れてくるにしたがって、徐々に明確になっていきます。「正確に答えを得よう」と硬くならずに、リラックスして色と仲良くなるということから始めてください。リラックスした状態は深層意識からのメッセージを受け取りやすくします。

chapter 1　カラーリーディングを始めよう！

（1）　この本に付いているカードを切り取ってください。

（2）　18色の中から気になる色を1色選んでみましょう。1〜2秒でパッと選ぶのがコツです。

　どんな色を選びましたか？　あなたはその色を「自分で選んだ」と思っているかもしれませんが、実はあなたにその色を選ばせたのはあなたの深層意識です。直感でもいいので答えてみてください。

　深層意識は、なぜその色をあなたに選ばせたのでしょうか？

　考えはまとまりましたか？　では、答え合わせです。
　あなたの選んだ色にはどんなメッセージがあるのか、簡単に探ってみたいと思います。

（3）　【色のメッセージ】（72ページ〜）を開いてください。このページにはしおりをはさんでおくと使いやすいでしょう。

（4）　カラーカードには1から18まで番号が付いています。番号に対応したページの【ワンカードの意味】を参照してください。

メッセージは受け取れましたか？　今回は初めてですから、【ワンカードの意味】という、色の代表的なメッセージを参考にしました。【ワンカードの意味】はあなたの深層意識のメッセージに近いものかもしれませんが、必ずしもそのままを言い当てているものではありません。これはあくまでも参考であって、本当の深層意識のメッセージはあなた自身が気付いたり感じ取ったりするものなのです。今回は「もし、そのようなテーマがあるとしたら……」という感じで捉えておいてください。

　本格的なリーディングでは、【ワンカードの意味】を使わずにあなた自身が色から直接深層意識のメッセージを受け取っていきます。それによって、色の意味に囚われず、深層意識と自由に対話ができるようになります。「この色にはどんな意味があるのか？」ということよりも、「深層意識はなぜその色を選ばせたのか？」ということのほうが重要です。本格的なカラーリーディングについてはあとから学んでいきますが、初めは「深層意識はなぜその色を選ばせたのか？」と考えながら代表的なメッセージを読むといいでしょう。

　深層意識のメッセージを受け取るコツは、決め付けたりしないで、リラックスした状態で、自由に、直感的に捉えることです。カラーリーディングはあなたを縛るものではありません。あなたを心の奥深くにつれていく方法なのです。

chapter 1　カラーリーディングを始めよう！

○深い意識からのメッセージを受け取る

　さて、次は色を見ないでカードを選んでみましょう。どんな色が出るかドキドキしますね。

（1）　カードを裏にして、好きなようにシャッフルしてください。

（2）　カードを1枚選びます。
　　　色は見えませんので、直感でカードを選んでください。

（3）　選んだカードを表にして色を確認します。
　　　どんな色でしたか？　好きな色でしたか？　嫌いな色でしたか？

（4）　あなたの選んだ色にはどんなメッセージがあるのか探ってみます。カードの番号に対応した【ワンカードの意味】を参照してください。

　深層意識からのメッセージは受け取れましたか？　今回は色を見ないで選びましたから、当然その色を選んだ自覚はあなたにはないでしょう。もし色を選んだ自覚があったらあなたは超能力者です。カラーリーディングには超能力者を育成する目的

はありませんので、見えないほうがいいかもしれません。見てしまうと色を選んでしまいます。選んでしまうと深層意識の浅いレベルにある"判断"も働いてしまい、深いレベルにある"本音"には、なかなかたどり着けなくなるのです。

　色を見ないで選ぶカラーリーディングでは、意識のとても深いレベルからメッセージを受け取ることができます。意識の深いレベルには、今のあなたに影響を与えている本質的なテーマが隠されています。本質的なテーマというのは"本音"のようなもので、「深層意識はなぜそうするのか？」という"真実の目的"につながっています。なぜ真実の目的を隠すのかというと、その答えも人それぞれですが、感じたくない感情や認めたくない現実などを隠していたり、意味のある対象に集中するため、あまり意味のない情報に振り回されないようにしているというのが多くあります。

　人はさまざまな感情や思考、体感覚を同時に体験するとパニックを起こしてしまいます。表面的には常に心をニュートラルにしておいて、なるべく今自分が集中したいことに意識を使いたいのです。何事にも目的はあるのですが、いちいち目的を知らなくても自動的にできるというのは素晴らしいシステムですよね。問題は表面のあなたは何も知らないので不安だということです。

　いよいよ次の項では、【ワンカードの意味】を使わない本格的なカラーリーディングを紹介していきます。

chapter 1　カラーリーディングを始めよう！

○色を使って深層意識と対話する

　1枚のカードを選んでリーディングすることを『ワンカード・リーディング』といいます。ワンカード・リーディングは、深層意識と一問一答のような対話を行う方法です。対話ですから、同じ色であっても質問によってメッセージが変わってきます。これから、深層意識と対話を行うためのカラーリーディングの基本を紹介します。頭の中で質問を思い浮かべてカードを選び、出てきた色にどのようなメッセージがあるのかを直感的に受け取るという方法です。何度も繰り返しやっていくことで、メッセージを上手く受け取ることができるようになってきます。始める前に紙とペンを用意するといいでしょう。

　本格的なカラーリーディングの手順をまとめると次のようになります。

（1）　カードを裏にしてシャッフルし、1枚選ぶ。
（2）　色から連想することを5つ以上書き出す。
（3）　【色のメッセージ】から言葉を追加する。
（4）　書き出した言葉からメッセージを探る。
（5）　分からない場合はいったんそのテーマから離れる。

（1）　カードを裏にしてシャッフルし、1枚選ぶ。
　カードを裏にしてよくシャッフルし、1枚選んで色を確認し

てください。どのような色が出ましたか？　色を見た時の感情に気付きを持ってください。感じたことや気付いたことがあれば紙に書いておきましょう。リーディングは連想ゲームのようなものですから、直感を大切にしてください。深層意識は、イメージやシンボルなどでメッセージを伝えてきます。それらを書き出しながら、深層意識が何を伝えているのか気付きましょう。

（２）　色から連想することを５つ以上書き出す。

　いよいよ深層意識からのメッセージを受け取っていきます。まず、色から連想することを５つ以上書き出してください。１つ２つのイメージなら簡単ですが、５つぐらいになると少し悩むでしょう。そこが目的です。悩んで「とりあえず」書き出した最後の言葉が、意外と本心に近いということがよくあります。どんな言葉でもいいのです、絵が得意な人なら絵でもかまいません。５つ以上、「とりあえず」イメージを出してください。「水」や「海」などの具体的なイメージを連想するかもしれませんし、「涼しさ」や「孤独」、「広い感じ」や「スパッとした感じ」など抽象的なことを感じるかもしれません。

　どうしてもイメージが浮かばない場合は、視覚、触覚、聴覚、味覚、嗅覚などの、さまざまな体感覚に当てはめてイメージしてみるとよいでしょう。例えば、明るさを感じてみます。明るい色ですか、暗い色ですか。または、温度を感じてみます。温

かい色ですか、冷たい色ですか。重さは感じられますか。重い色ですか、軽い色ですか、どちらでもない色ですか。音は感じられますか。高い音ですか、低い音ですか。味を感じることはできますか。苦いですか、甘いですか。匂いを感じることはできますか。フレッシュな森の香りですか、香水のようなゴージャスな香りですか、石けんのような爽やかな香りですか。

　また、色から感情や思い出を感じてみるのもいいでしょう。楽しい色ですか、悲しい色ですか、リラックスする色ですか。小さな頃によく見ていた山の色、夏の海の色、冬の雪の色など、どんな思い出がありますか。

(3)【色のメッセージ】から言葉を追加する。

　さて、色からイメージされたことを5つ以上書き出したら、今度は【色のメッセージ】からも言葉を追加していきます。番号に対応したページの【色のメッセージ】には、人が共通してその色に持っている"集合的無意識"からの意味が記されています。ネガティブな言葉もポジティブな言葉もありますが、それらの中から気になる言葉を好きなだけ選んで、自分のメモに書き加えていきましょう。これによって、メッセージがより明確になっていきます。

(4)書き出した言葉からメッセージを探る。

　自分のイメージした言葉と【色のメッセージ】から抜き出し

た言葉を合わせて深層意識からのメッセージを探っていきます。言葉は指のようなもので、本当のメッセージはそれらの言葉が指す先にあります。指の先を探ってみましょう。書き出した言葉に何か共通するようなものはありますか。

　例えば、黄緑から「楽しい、広い、元気、草原、子ども、ピクニック」などの言葉が出てきたなら、たぶん「元気な子どもが外でのびのびと遊んでいるような感じ」というイメージにまとめることができるでしょう。そこから分かるメッセージは、「内にこもらないで、外に意識を向けること。自由な気持ちでワクワクするようなことをすること」という感じになるかもしれません。

　書き出した言葉が何を指しているのかに想像力を働かせて意識を向けると、直感的にメッセージを受け取ることができます。すぐに受け取ることができるかもしれませんし、なかなか受け取れないかもしれません。明確で、具体的で、理解しやすいメッセージではなく、抽象的でハッキリしないけれど、なんとなく分かるようなメッセージかもしれません。人それぞれ受け取り方が違いますので、自分の得意なメッセージの受け取り方を見つけてください。あなたはすでに真実の答えを持っています、ただそのことに気付けばよいのです。

(5) 分からない場合はいったんそのテーマから離れる。
　それでも分からない場合は、いったんその質問を手放してイ

chapter 1　カラーリーディングを始めよう！

ンスピレーションがわくのを待ってみましょう。深層意識のメッセージにつながる言葉は書き出していますので、その行為が「深層意識を知りたい」という意欲になっています。この意欲はちゃんと深層意識に届いています。あなたが知りたいと思ったその時から、深層意識は「メッセージを伝えよう」という働きを強くしています。なので、カードリーディングをした時は分からなくても、2週間くらいの間に夢や日常のインスピレーションという形でメッセージを受け取ることがあります。リーディングに慣れている人でも、自分に関わるとても深いテーマを扱う場合には、リーディングですぐに答えを受け取れない時があります。そんな時はいったんそのテーマを手放して、シャワーを浴びるとかカフェでのんびりするなど別なことをやります。すると忘れた頃に突然インスピレーションがわいてくることがよくあります。「幸運は寝て待て」ということなのかもしれません。

○メッセージを受け取るコツ

　メッセージを受け取るコツは、あまり細部にこだわらず「〜かもしれない」「〜という感じ」のように、あいまいさを持たせておくことです。正確に受け取ろうと思考を働かせ過ぎると、深層意識からのメッセージをブロックしてしまいます。ただ「メッセージを受け取りたい」「本当のことを知りたい」という気持ちでリーディングを行ってください。

　思考には、今までの経験から作られた思い込みが強く影響します。この思い込みのことを"観念"といいます。観念はいつもの決まったパターンのようなもので、「こうくると次はこうなる」という予想も、「〜しなければならない」「〜するべきだ」というようなルールも観念によるものです。この観念がピュアな深層意識からのメッセージをブロックするのです。深層意識がとても上手いメッセージを投げてきても、観念のグローブでは受け取れないのです。観念に邪魔をさせないでメッセージを受け取るには、あまり明確にしようとしたり、それはどういう意味か考えたりしないことです。

　また、1色で全てを理解しようとするのは難しいかもしれません。普段あなたが誰かと会話しているところを思い出してください。伝えたいことがあっても、一言ではなかなか上手く伝わらないこともあるはずです。少し大げさに話したり、違った角度から説明したり、似たようなことを話したりと一生懸命伝

chapter 1　カラーリーディングを始めよう！

えてやっと分かってもらえるかどうかです。深層意識もそうなのです。あなたになんとかメッセージを伝えようと、さまざまなイメージを感じさせているのです。そこで、カラーリーディングでは1枚のカードで分からなかったら、カードを戻してもう1回選ぶというやり方をします。何度も同じ色が出たなら、その色がとても重要なメッセージを伝えていることがわかります。あなたがメッセージを受け取れるまで何度もワンカード・リーディングを繰り返していいのです。

　メッセージは直感的に受け取るのですが、直感の受け取り方にちょっとしたコツがあります。直感というのは0.3秒ぐらいでパッと浮かぶようなものです。浮かんだ瞬間にキャッチできないと、すぐに思考が働いてあれこれ判断してしまい、せっかくの新鮮な直感が死んでしまいます。だから、思考が働かないうちに瞬間で受け取るのがコツです。直感がやってきた時はあれこれ判断しないこと、強く執着しないこと、否定しないこと、力まないことです。リラックスして、きたものをそのまま受け取るという気持ちが大切です。

　ワンカード・リーディングに慣れるために、朝に起きたら1枚カードを引いて1日のテーマカラーを決定しておきます。その色が何を意味しているのか、1日の終わりにチェックしてみましょう。日記に書きながら毎日続けていると、何か面白いことを発見するかもしれません。

コラム１：意識の奥深くには何がある？

「自分は今〜を体験している」と「意識できる自分」を心理学では"表面意識"と呼んでいます。その下には「隠れた自分」の"深層意識"がありますが、深層意識は大きく分けて３層構造になっています。

深層意識の一番浅い層には、今までの記憶によって作られた意識である"潜在意識"というのがあります。潜在意識にある記憶というのは、ビデオの映像のような実際の記録ではありません。その時々のあなたの感情や思い込みなどの強い影響を受けた記憶です。そのため、勘違いや大げさに誇張された記憶であったり、肝心な部分を省略された記憶であったりします。また、男性は青で女性は赤というようなマークの色や、ローズレッドやコバルトブルーというような色の名前も学習によって記憶されたものですから、この潜在意識に入っています。

潜在意識の下には"無意識"というのがあります。無意識というのは「意識できない意識」という意味です。実はあなたが見ているこの世界は、あなたの無意識がつくっている幻の世界なのです。私たちは目や耳、皮膚などを通じて体の外にある物理的な世界を探索して「たぶんこんな世界なんだろう」と想像しています。無意識がつくった世界はあまりにも身近で長く親しんだ世界なので、それが幻だなんて考えたこともないでしょ

う。なので無意識というのです。

　無意識には"個人的無意識"と"集合的無意識"という二つの領域があります。

　個人的無意識は精神や身体など本能的なことに関わっています。食べ物を見た時に唾液が出たり、素敵な異性に興奮したり、暑くなったら毛穴を拡げて汗を出したり、呼吸を止めないように肺を動かしたり、血液を全身に送るために心臓を動かしたり、眠くなったりするのも個人的無意識の作用です。見えている色も個人的無意識の働きによるものです。

　集合的無意識は、個人的無意識の下にあり、家族や会社や学校、民族や人類などあなたが属している集団全員に共通している意識です。この意識は心理学者のユングが提唱したもので、意識の深い部分ではみんなくっついているという考えです。集合的無意識というのは、無意識の最も奥深くにあり、抽象的で概念的でなかなか理解できませんが、物語や夢というカタチをとって表れます。赤が危険や注意を感じさせたり、白が光や神

【意識の構造と色の関係】

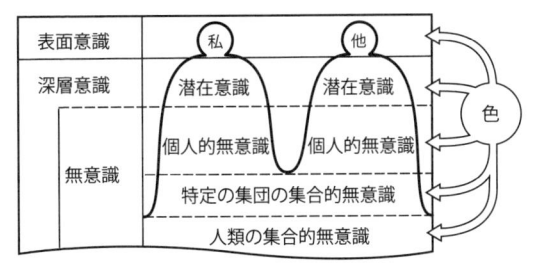

表面意識	私		他	
深層意識	潜在意識		潜在意識	
無意識	個人的無意識		個人的無意識	色
	特定の集団の集合的無意識			
	人類の集合的無意識			

様を感じさせたり、黒が闇や悪魔を感じさせるというのも集合的無意識によるものです。

chapter 2

カラーリーディングでカウンセリング！

○問題の本質と解決を知る

　これから、カードを３枚引いて深層意識と会話する『スリーカード・リーディング』という方法を紹介します。ワンカード・リーディングが"単語"で会話しているとたとえると、スリーカード・リーディングは"文章"で会話しているようなものです。カードを３枚使うことによって「過去→現在→未来」、「始まり→過程→終わり」、「旅立ち→成長→帰還」、「問題→解決方法→受け取る結果」などの"お話の流れ"を表現することができます。実は、有名な「スター・ウォーズ」の映画も、「西遊記」の物語も、世界中のさまざまな神話や物語はこの"お話の流れ"にそって作られています。つまり、物語には決まったパターンがあるということです。スリーカード・リーディングに慣れてくると、この物語のパターンを理解することができてきますので、タロットカードやエンジェルカードなど、世界中のさまざまなカードリーディングができるようになります。

　スリーカード・リーディングでは「問題の明確化とその解決方法」がよく分かりますので、リーディングする前にリーディングのテーマを決めておくといいでしょう。何も決めないでリーディングしてもいいですが、その場合は「今のあなたに起こっている中心のテーマ→今やること→その先にある結果」ということになります。まずは代表的なメッセージを参考にして、簡単なスリーカードをやってみましょう。

chapter 2　カラーリーディングでカウンセリング！

（1）　テーマを決めてカードを3枚引く。

　　　何か知りたいことがあればそのことを思い浮かべながら、カードを裏にしてシャッフルします。そこから3枚選んでください。カードは一枚一枚選んだら、すぐに色の面を表にして並べていきます。順番が重要ですので、左から右に順に置いていくといいでしょう。

（2）　色を見た時の感情に気付きを持つ。

　　　どんな色が出ましたか？　カードをめくって色を見た時の感情に気付きを持ってください。深層意識のメッセージを直感で受け取るかもしれません。

（3）　【スリーカードの意味】を参照してメッセージを受け取る。

　　　【色のメッセージ】の項目を開いて、番号に対応したページの【スリーカードの意味】を参照します。1枚目のカードには「あなたの質問の本質的なテーマ」が表れています。【1枚目】と書かれている項目を参照します。2枚目のカードには「現在何をする必要があるのか」が表れています。【2枚目】を参照します。3枚目には「最終的な結果」が表れています。【3枚目】を参照します。

○深層意識が話す真実の物語

　本格的なスリーカード・リーディングのコツは、あなたが誰かにお話を聞かせるように3枚のカードのメッセージをつなげていくということです。1枚目「～というテーマがあるようです」、2枚目「今～する必要があるようです」、3枚目「それをすると～になります、～を手に入れます」というようにお話を作っていきましょう。

　占いで有名なタロットカードでは、「現在～という状況にあります」「その原因は過去に～があったからです」「未来に～が起ります」というような流れになっています。この流れもカラーリーディングで使えます。そうすると、未来のことも分かるのか!?ということになりますが、深層意識の奥底では全てとつながっている意識もありますので、もしかするとこれから起こることを深層意識は知っていてあなたに教えてくれるかもしれません。それでも、「必ずそうなる」というよりも「今のところはそんな感じ」で聞いておいたほうがいいでしょう。

　それでは、いよいよ本格的なスリーカード・リーディングを始めていきます。一枚一枚のカードのメッセージは、ワンカード・リーディングと同じように受け取っていきます。ここでは1枚目から3枚目までのカードの意味を中心に説明していきます。

chapter 2　カラーリーディングでカウンセリング！

（1）　テーマを決めてカードを3枚引く。
　　　カードを裏にしてシャッフルしたら3枚選んでください。一枚一枚表にして左から右に順に置いていきましょう。

（2）　色を見た時の感情に気付きを持つ。
　　　ここですぐにメッセージを受け取ることもありますが、スリーカードでは3枚のカードのお話の流れによってメッセージを受け取ることもできますので、焦らずメモをとっておくだけでいいでしょう。

（3）　1枚目「本質的なテーマ」
　　　あなたの質問の裏には「本質的なテーマ」が隠されています。それはこの物語のタイトルのようなもので、深層意識は「今から話す内容はこのようなテーマについてです」といっているのです。なので、1枚目は「〜について」と理解するといいでしょう。あなたが尋ねていることは、本当は何についてだったのでしょうか？　物語はその真実を知ることから始まります。

（4）　2枚目「現在の状況」
　　　2枚目には「現在の状況においてする必要のあること」が表れます。今、努力が必要なのかもしれませんし、

学びが必要なのかもしれません。休息が必要なのかもしれませんし、優しさが必要なのかもしれません。なので、2枚目は「今〜する必要がある」、「現在〜の途中である」と理解するといいでしょう。

　3枚とも大切なメッセージですが、とくに2枚目のカードには注目してください。【色のメッセージ】では特にネガティブな言葉で何か気になる言葉があるかチェックしてください。ポジティブな言葉なら「そこにもっと意識を向ける必要がある」となります。ネガティブな言葉なら「そのことを解決する必要がある」ということです。

(5)　3枚目「問題を解決したあとの結果」

　3枚目には「問題を解決したあとの結果」が表れます。2枚目を解決したあとに受け取る結果が3枚目に表れます。そこで、3枚目は「〜を手に入れる」、「〜が実現する」、「〜になる」と理解するといいでしょう。

　実は、3枚目には「深層意識にある目的」という隠れた意味があります。それは「このテーマが出てきたそもそもの原因」でもあります。深層意識に何かの目的があることによって、今のあなたにテーマがあるということです。例えば、3枚目に"成長"という目的があるのなら、2枚目は「あなたに学びが必要だ」ということにな

chapter 2　カラーリーディングでカウンセリング！

り、1枚目で成長を促すような"問題"が生まれたのです。

(6)　3枚の流れをまとめる。
　　　3枚のカード全体のお話の流れをもう一度チェックしてみましょう。初めにこの問いのテーマがあり、次に現在意識を向ける必要のあること、やる必要のあることがあり、最後にこの問いの向かっている目的があるという全体の流れをまとめてみましょう。

　メッセージは受け取れたでしょうか。スリーカードでもワンカードと同じように何度も繰り返しリーディングすることができます。深層意識との対話ですから、対話を繰り返せば、知りたいことがより明確になっていくでしょう。あなたの深層意識なので遠慮することはありません。何か疑問があればスリーカードとワンカードを併用してもいいので積極的に対話しましょう。
　それでも明確にならなかったら、今はまだ明確に理解できないレベルかもしれませんし、あなたが本当の答えを知りたくないということかもしれません。そういう時はしばらくその質問を手放して、答えを受け取れるまで待ってみましょう。
　繰り返しリーディングするコツですが、スリーカード・リーディングを2回行って、最後に最終的な結果という1枚を選ん

でワンカード・リーディングすると理解しやすいです。それ以上行う場合、お話が上手くつながるのは、スリーカード3回と最終結果のワンカード1回という合計10枚ぐらいまでのようです。

chapter 2　カラーリーディングでカウンセリング！

○真実の関係を探る

　さて、次はスリーカードを応用した『セブンカード・リーディング』という方法を紹介します。セブンカードは名前の通り7枚のカードを引きます。これは相性占いのようなものですが、ただの占いとは違います。表面のあなたは深層意識にコントロールされていますが、相手もそうなのです。二人の深層意識がお互いの目的のために出合ったのです。なので、どんな関係も深層意識が仕組んだ巡り合わせなので、二人の関係に間違いはありません。相性が悪いとか良いとかもありません、その時々の二人になんらかのテーマがあるということだけです。セブンカードでリーディングする相性というのは、二人は「どんな目的のために出会ったのか」「何を作り出そうとしているのか」「どんな方向に進もうとしているのか」ということです。

　例えば、「あの人との相性はどうだろう？」という質問においては、すでにあなたには「相手のことが気になっている」という深層意識の働きがあるのです。なので、その答えは「あの人のことをあなたが気になった理由は、あなたには〜というテーマがあり、相手には〜というテーマがあり、二人には〜という共通するテーマがあるからだ」ということになります。

　では、「二人が出会った目的は何か？」という質問においての答えは「あなたには〜という目的があり、相手には〜という目的があり、二人には〜という共通する目的がある」というこ

とになります。どのような出会いにも目的はあります。その目的は幸せを実現する目的もあれば、悲しみを体験するための目的もあるかもしれません。二人の現在の深層意識の目的を知ることで、悲しみではなく幸せに変えていけるよう目的を設定しなおすことができます。リーディングは幸せのために使えるのです。

（１）　相手を決めてカードを７枚引く。
　　　カードを裏にしてシャッフルしたら７枚選んでください。一枚一枚表にして順に置いていきましょう。まずは自分用に３枚、次に相手用に３枚、最後に二人共通の１枚を選びます。

（２）　色を見た時の感情に気付きを持つ。
　　　スリーカードと同じように、ここでの気付きはメモをとっておくだけでいいでしょう。

（３）　１枚目「あなたのテーマ」
　　　二人の関係における「あなたのテーマ」が１枚目に表れています。スリーカードと同じ「本質的なテーマ」です。

chapter 2　カラーリーディングでカウンセリング！

（4）　2枚目「あなたの現在の状況」

　　あなたに現在起きていることが2枚目に表れています。今あなたはどのような状況にいて、何をする必要があるのでしょうか。あなた自身が何かを癒したり学んだりする必要があるかもしれませんし、相手に対して何かをする必要があるかもしれません。

（5）　3枚目「あなたがこの関係で受け取るもの」

　　この関係で受け取る何かが3枚目に表れています。二人の関係において、2枚目の癒しや学びのあとにあなたが将来受け取るものです。精神的であれ物質的であれ、あなたはこの関係で何かを受け取ります。そして同時に、あなたの深層意識にある相手と出会った目的でもあるのです。

（6）　4枚目「相手のテーマ」

　　4枚目からは相手の「テーマ→現状→受け取るもの」という流れになります。二人の関係における「相手のテーマ」が4枚目に表れています。相手にはどのようなテーマがあるのでしょうか。

（7）　5枚目「相手の現在の状況」

　　相手に現在起きていることが5枚目に表れています。

相手が今直面している問題でもあります。相手には今何が求められているのでしょうか。そのことを知ったあなたが、相手をサポートしてあげることもできます。

(8) 6枚目「相手がこの関係で受け取るもの」

　　この関係で相手が受け取る何かが3枚目に表れています。

(9) 7枚目「二人がこの関係で受け取るもの」

　　7枚目はこのリーディングの最終結果です。「二人がこの関係で受け取るもの」「二人の関係がもたらす結果」「二人が進んでいる方向」が表れています。1枚ですから、ワンカード・リーディングと同じやり方で結果を受け取ります。このカードは二人の深層意識の共通する目的でもあります。二人の関係にはどのような目的があるのでしょうか。二人の関係のその先にある発展、飛躍を表しています。

(10) 物語の流れをまとめる。

　　7枚のカード全体の流れをもう一度チェックしてください。この関係の目的、向かっている方向、未来に気付きを持ちながら、全体の流れをまとめてみましょう。

chapter 2　カラーリーディングでカウンセリング！

　セブンカード・リーディングは、自分と家族との関係、自分と地球との関係、自分と神様との関係など対人間の関係でなくても行うことができます。今の自分と真実の自分との関係や自分と人生との関係というのも何か深い気付きを得られるでしょう。

○カラーリーディングのまとめ

　カラーリーディングを図でまとめてみると以下のようになります。リーディングの時の参考にしてください。

【スリーカード・リーディング】

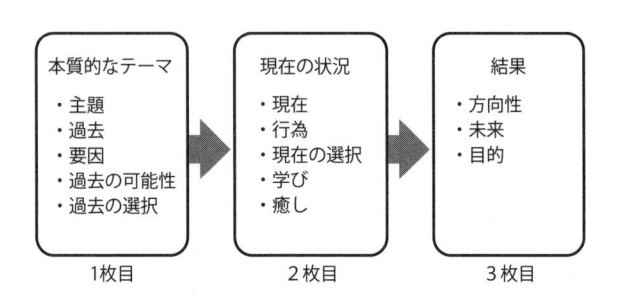

```
┌─────────────┐   ┌─────────────┐   ┌─────────────┐
│ 本質的なテーマ │   │ 現在の状況   │   │ 結果         │
│ ・主題       │ ▶ │ ・現在       │ ▶ │ ・方向性     │
│ ・過去       │   │ ・行為       │   │ ・未来       │
│ ・要因       │   │ ・現在の選択 │   │ ・目的       │
│ ・過去の可能性│   │ ・学び       │   │              │
│ ・過去の選択 │   │ ・癒し       │   │              │
└─────────────┘   └─────────────┘   └─────────────┘
     1枚目             2枚目             3枚目
```

【セブンカード・リーディング】

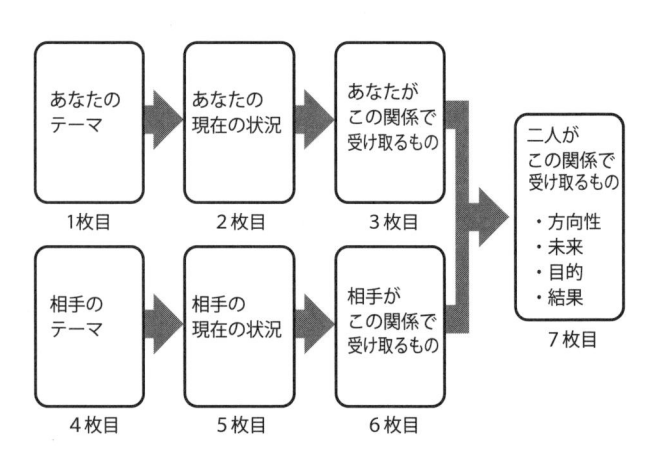

```
┌─────────┐  ┌─────────┐  ┌─────────┐
│ あなたの │  │ あなたの │  │ あなたが │
│ テーマ   │▶│ 現在の状況│▶│ この関係で│─┐
│          │  │          │  │ 受け取るもの│ │
└─────────┘  └─────────┘  └─────────┘ │   ┌─────────────┐
   1枚目        2枚目        3枚目     │   │ 二人が       │
                                       ├──▶│ この関係で   │
┌─────────┐  ┌─────────┐  ┌─────────┐ │   │ 受け取るもの │
│ 相手の   │  │ 相手の   │  │ 相手が   │ │   │ ・方向性     │
│ テーマ   │▶│ 現在の状況│▶│ この関係で│─┘   │ ・未来       │
│          │  │          │  │ 受け取るもの│    │ ・目的       │
└─────────┘  └─────────┘  └─────────┘      │ ・結果       │
   4枚目        5枚目        6枚目           └─────────────┘
                                                  7枚目
```

○深層意識の5つのメッセージ

　カラーリーディングを始めた頃は、選んだ色にどんな意味があるのか、その意味が深層意識のどんなメッセージを表しているのかを調べるのに精一杯かもしれません。数週間ぐらいリーディングを続けていると「そんなに気にしなくてもいいんだ、自由に感じ取っていいんだ」と思えてきます。それは、深層意識との対話に慣れてきたということです。数ヶ月も続ければ色の意味もだいたい覚えて、色を見た瞬間にメッセージがパッと受け取れるようになります。そして、何度も同じ色が出てきたりとなんらかのパターンが表れてきます。この頃にはメッセージにはいくつか種類があるのに気付いてきます。以下は深層意識の5つの種類のメッセージです。

1：防衛機制
　葛藤や罪悪感により、あなたが心の奥底に抑圧したものを深層意識は伝えています。抑圧された自分の本当の気持ちに気付いて欲しいのです。カードから伝わる感情やイメージなど直感的に気付いてみましょう。「もし〜だとしたら？」と自分に質問してみるのもいいでしょう。自分に正直になって、素直に受け取ることでバランスがとれてきます。

　防衛機制はリーディングではいつでも出てきます。特に、白や黒や灰が出ることで気付くことができます。

２：展望

達成しようとしていることや、将来こうありたいという状態を深層意識は伝えています。どのような展望なのでしょうか。その色からイメージできる感情、夢、意欲、将来の自分の状態に気付きを持ってみましょう。「本当は何が欲しいのか？ どんな自分になりたいか？」と自分に質問してみるのもいいでしょう。真実の自分の望みを受け取りましょう。

展望の色は特に決まったものはないですが、出ると嬉しかったり、楽しかったりというポジティブな感情や、自分の中から力が湧いてくることがあります。特にスリーカードの３枚目によく出てきます。

３：癒し

過去の傷を癒す時がきたと深層意識は伝えています。つらい体験は、よく深層意識の奥へと抑圧されます。抑圧されたままだと、コンプレックスやトラウマ、問題になります。深層意識はその傷を表面に出すことで癒そうとします。しかし、もう一度表面に出して感じてしまうことを恐れてもいるのです。こうして傷を抱え込んでしまいます。今、癒しの時がきました。この傷を受け止めて癒すことに意欲を持ってください。できるだけ楽に癒されるよう深層意識にお願いすることができます。

癒しの色は優しい感じの色が多いですが、緑などの癒しを表す色がでたり、悲しみの青、傷を表す赤、怖れを表す紫や黒な

chapter 2　カラーリーディングでカウンセリング！

どが出ることもあります。特にスリーカードの2枚目に出てきます。癒しの色が出ると怒りや悲しみ、苦しみや絶望というような感情を感じることがありますが、その感情は過去の傷につながっています。出てきたくて出てきているので、受け止めてあげましょう。癒しを促進するための色というのを深層意識に尋ねてカードを引いてみるのもいいでしょう。そのカードをお守りにすることができます。

4：学び

　成長の機会の訪れを深層意識は伝えています。次のレベルへいくために必要な学びがあるのです。問題があるなら、その解決を通して新たな才能が芽を出すかもしれません。挑戦であれば、怖れを乗り越えた先に新しい自分がいることでしょう。何を学ぶ必要があるのかを深層意識に聞くこともできますが、準備ができていれば自然と気付くことでしょう。勇気を持ちましょう。

　学びの色は、努力を表す赤、外に意識を向けるオレンジ、明確にしていく黄、バランスを表す緑、変化を起したり才能を与える意味を持つ水色や、自己価値を表すマゼンタ、精神の深い部分から気付きを得る紺、悟りを表す紫など色によって学びのテーマが違います。学びの色はよく出てきています。特にスリーカードの2枚目にはよく出てきます。

5：未来

　これから体験する未来を深層意識は伝えています。もしかすると、あなたが自分で無意識に進めている未来の計画かもしれません。それは、素敵な未来かもしれませんし、あまり歓迎できない未来かもしれません。ミラクルが引き寄せられているのかもしれません。今はただ「メッセージを受け取りたい」と興味を持ってみるだけでいいでしょう。進めている未来の計画に気付いた時、その未来を選択するか、それとも別の未来を選択するかの決定権は深層意識から表面意識のあなたに渡されます。

　ワンカード・リーディングで未来の色に気付くようになったら上級者です。ただし、上級者でもこのメッセージはなかなか明確に受け取れません。初心者だと慣れていなくてメッセージを受け取れないのか、本当に未来の色なのかを見分けることはできないでしょう。なかなか出ない色ではなく、スリーカードの３枚目かセブンカードの７枚目にはよく出てきます。

chapter 2　カラーリーディングでカウンセリング！

○カラーリーディングにおける不思議な体験

　カラーリーディングを何回か行っていると不思議な体験をすることがあります。それは、何度も同じ色が出る、いつもと色が違って見える……などです。このような気付きはとても重要で、思い込みや錯覚として気にしないということもできますが、「もし、そこに深層意識の重要なメッセージが隠されていたら？」と自分に問いかけてみることもできます。「もし〜としたら？」という質問にとりあえず思いついたことを答えてみるという方法は、心理カウンセリングにおいてもよく使う方法で、深層意識のメッセージを引き出すのに役立ちます。

〈同じ色が何度も出る〉
　今のあなたのテーマカラーです。何度も出るということはそれだけ強いメッセージかもしれません。その色はどんなメッセージを表しているのでしょうか。もし分からない場合は、日常の変化や同じようなことが続く状態などに気付きを持ってください。毎日テーマカラーの日記を付けてみるのもいい方法です。同じような色が何日も続いて出ている時があります。その時に何が起きていたのかをあとで知ることができます。

〈必ずこの色のセットが揃う〉
　赤と黄と水色がいつも揃うなど、同じようなセットがリーデ

ィングで繰り返し出てくる場合には、もしかすると「同じパターンが続いている」というサインかもしれません。「いつものパターン」が繰り返されている時は、深層意識に設定された古い習慣かもしれません。それは、潜在意識にある過去の記憶からつくられたパターンや、集合的無意識にある先祖代々のパターンなどです。"物事の流れ"や"出来事"に同じようなパターンがないか気付きを持ってください。

　そして、あまり好ましくないパターンであるなら、「そのパターンをもうやめたい」と強く願いながらスリーカード・リーディングを行ってみましょう。たとえ解決方法が分からなくても、リーディングを行えば、あなたが深層意識に強くメッセージを発することにつながります。リーディングというのは深層意識との"対話"なのです。一方的に深層意識の声を聞くことではありません。

〈いつもと色が違って見える〉

　赤がオレンジがかって見えたり、黒ずんで見えたりと色が違って見える、感じることがあります。その場合は、その色が何色に近付いているのか、何色から遠ざかっているのか気付きを向けましょう。例えば、赤がオレンジがかって見える場合、赤はマゼンタや紫から遠ざかり、オレンジに近付いているということになります。それが分かったら「オレンジに近付いているのと、紫から遠ざかっているのと、どちらのメッセージを深層

chapter 2　カラーリーディングでカウンセリング！

意識は伝えたいのか？」と自分に問いかけてみてください。答えは「どちらかといえば……」というふうに直感でパッと受け取ってください。

　もし、「オレンジに近付いている」というなら、「赤からイメージしたことが、オレンジからイメージしたことに向かっている」と捉えることができます。赤からイメージしたことが「努力」で、オレンジからイメージしたことが「楽しさ」の場合は、「初めは努力しなければならないほど大変だったことが、今はどんどん楽しくなってきている」と受け取ることができます。

〈カードの上と下で明るさが違って見える〉

　カードの色を見ていると、1色のはずなのに上のほうが明るくて下のほうが暗く見えたり、上のほうが暗くて下のほうが明るく見えたりすることがあります。

　実は、カードの半分から上は表面意識と潜在意識、下は無意識を表しています。そして、無意識からきたエネルギーが潜在意識を通ってカタチを持ち、表面意識で体験されるという流れを表しています。

　同じ色なのに明るさが違うということは、エネルギーの流れが関係していると考えることができます。エネルギーは明るいほうから暗いほうへ流れます。下が暗い場合は表面意識や潜在意識から無意識に、上が暗い場合は無意識から潜在意識や表面意識に向かっている流れを表します。エネルギーの流れという

メッセージが具体的にどのようなことを伝えているのかを知るのは難しいですが、ただ「エネルギーがそう流れているんだなぁ」と思ってみることで何かに気付くかもしれません。スリーカード・リーディングに慣れてストーリーを上手く受け取ることができるようになると、エネルギーの流れからメッセージを受け取ることができるようになります。ストーリーやエネルギーを理解することができればもう上級者です。

〈シャッフル中にカードが落ちる〉

シャッフルをしているとポロッとカードが落ちることがあります。これは深層意識があなたにメッセージを伝えてきたと捉えることができます。とくに表になって落ちた場合は強いメッセージです。リーディングでは、落ちたカードをそのまま使います。

〈カードを選ぶ時に2枚引いてしまった〉

カードを選ぶ時に偶然2枚引いてしまうことがありますが、その時はそのままリーディングします。1回で2色選ばれたなら「〜という意味もあるし、〜という意味もある」と解釈するといいでしょう。

chapter 2　カラーリーディングでカウンセリング！

○子どもと一緒に楽しむ

　カラーリーディングは大人だけではなく５〜６歳の子どもに対しても使うことができますが、実は子どもはもともと深層意識のメッセージを普通に受け取っているのであまり必要がありません。自分が何者なのか、どうしたいのかなど、子どもはカラーリーディングの必要はないほどよく知っているのです。

　大人になるにしたがい、表面意識と深層意識の壁は厚くなっていきます。けれど、それは残念なことではありません。言葉を覚えたり、良い悪いという判断ができるようになったり、我慢強くなったり、相手の気持ちを察することができるようになったり、難しいことを考えられるようになったりと、良いことなのです。社会人として生きる上では子どものままではいられないのです。

　さて、子どもはリーディングしなくても知っていますから、もし子どもが「して欲しい」と言う時は、カードの色が奇麗で、何か面白そうなので興味を示しているだけかもしれません。それはそれで良いことです。さまざまな色の刺激は脳を育みます。また、色を見ながら連想ゲームを行うことで言葉も覚えるし、頭の体操にもなります。何より子どもは自分の話を聞いてもらえるだけで嬉しいのです。

　なので、子どもにとってのリーディングの目的は、深層意識のメッセージを知ることよりも、リーディングをしてくれる人

や親との楽しいコミュニケーションなのです。なので、カラーリーディングのカードは、子どもにとっては知育玩具になるのです。

　子どもとはこんな遊びもできます。

（１）　カードを裏にして子どもに１枚選んでもらいます。
（２）　表にして色を確認したら、その色の名前を聞きます。
（３）　その色は何の色か？　好きな色か嫌いな色か？　お話をします。
（４）　カードを戻して、また（１）に戻ります。
（５）　子どもが飽きたらやめます。
（６）　カードを表にして、今日出てきた色を思い出して全て選んでもらいます。

　もう少し大きい子とはこんな遊びができます。

（１）　Ａ３ぐらいの大きめの紙１枚とクレヨン（水性のカラーペンでも可）を用意します。
　　　カードはあらかじめ白とクレヨンにない色を抜いておきます。
（２）　カードを裏にして子どもに１枚選んでもらいます。
（３）　表にして色を確認したら、その色の名前を聞きます。
（４）　その色のクレヨンを子どもに選んでもらいます。

chapter 2　カラーリーディングでカウンセリング！

（5）　子どもの選んだカード以外の残りのカードから大人も１枚選びます。
（6）　大人も色の名前を言って、その色のクレヨンを手に取ります。
（7）　子どもも大人も二人で同時に同じ１枚の紙に好きな絵を描きます。

　何を描いても、いくつ描いてもかまいません。この時は会話をしながら描いてください。何を描いているのか聞いてあげてください。紙の方向は自由です。向かい合って描いても隣どうしでもかまいません。子どもが他のクレヨンを取ろうとしたら、カードを選んでもらってそれで色を決めてもらいます。しかし無理強いはしないでください。楽しく描いて楽しくコミュニケーションをしてください。

（8）　子どもが飽きたらやめます。
（9）　その絵をリビングなどみんなが集まる壁に貼ります。
（10）　いつでも気が付いたら「これ、何描いたの？」と話題にしてください。それによってコミュニケーションのきっかけが作れますし、思い出したり説明したりすることで脳が育成されます。

コラム2：カードを使わないカラーリーディング

　カラーリーディングに慣れてくると、カードを使わなくても日常生活の中で深層意識のメッセージを受け取れるようになります。あなたの身の回りには色彩が溢れています。街を歩けばさまざまな色の服を着た人たちと出会うでしょうし、お店に入れば店内のディスプレーやポスターなどで色を目にします。夜には夢の中で印象的な色を見るかもしれません。それらの目にする全てのことは、深層意識からのメッセージなのです。
「今日はよく青い服を着た人を見かけるな」と思ったら、たんなる流行と片付けないで、自分にこう問いかけてみてください。
「もし、深層意識が青を使ってメッセージを送ってきているとしたら、それはどんなメッセージなのか？」
　色には色相の他に彩度というのもあります。鮮やかさのことですが、この彩度の感じ方にも深層意識のメッセージが隠されています。幸せで愛に溢れている人は世界が色鮮やかに見えますし、落ち込んでいる人には世界は色を失い、どんよりとしたグレーに見えるのです。色が鮮やかか、色がないかは見ている物体の固有色がどうかという問題ではありません。脳が興奮していれば鮮やかに見えるし、冷静であれば鮮やかに見えないということです。どちらが良い状態かという判断はあまり重要ではありません。今そういう状態であるということだけです。興

奮しっぱなしというのも問題ですし、あまりに落ち込み過ぎというのも問題です。

「今のあなたには世界がどのくらい鮮やかに見えていますか？」

「もし鮮やかに感じないというのであれば、そこにはどんな深層意識からのメッセージがあるでしょうか？」

インドやチベットの修行僧の瞑想中の脳内では、エンドルフィンなどの脳内麻薬物質の分泌が多くなることがあるようです。そうなると脳が興奮しますので、色彩の感覚も強くなり、彩度が高く感じられてきます。彼らは瞑想中に「金色の光が体の下から湧き上がって頭頂を突き抜けて天とつながる」というイメージを見るようですが、実際は"見る"というよりも"激しい体験"だと聞きます。このことからも脳内麻薬物質の強い影響が見られます。彼らの体験する世界は極彩色のようで、インドの宗教画にも同じように強い色彩の世界が見られます。彼らの色彩体験をカラーリーディングすると、たぶん「世界が素晴らしいか悲しいかは自分が決める」ということになるのかもしれません。

chapter 3

色のストーリー

○色と色の関係を読み解く

　色には一色一色違った意味がありますが、2色以上になると「色と色の関係」というもう一つの意味も出てきます。例えば、赤と青は火と水や肉体と精神という対照的な意味の関係があります。そこに、緑が入ると今度は、赤と青の対照的な関係にバランスをとる緑という三角関係が生まれます。このように色と色にはさまざまな関係があり、そこに1色追加されるとまた違った関係が出てくることがわかります。

　実は、色と色の関係にも深層意識のメッセージが隠れています。深層意識は、色と色のさまざまな関係というストーリーを使ってもっと深いメッセージを伝えてきます。これから紹介する"色のストーリー"を知ることで、リーディングがさらに奥深いものになっていきます。

〈無彩色と有彩色のストーリー〉

　色は赤や青などの色味がある有彩色と、黒や白のように色がない無彩色の二つに分けられます。有彩色と無彩色にはそれぞれ違った意味があります。無彩色は「色がない」ということを表し、「永遠である」ということ、「無機的である」ということ、「死んでいる状態」を意味します。有彩色は「色の個性が強い」ということを表し、「常に変化する」ということ、「有機的である」ということ、「生きている状態」を意味します。

chapter 3　色のストーリー

　通常リーディングは生きている自分や他者を相手に行いますので、無彩色が出た場合には「何か本音を隠しているのではないか？」と捉えることができます。リーディングで神様や悪魔を対象にしているのであれば、白や黒が出ても意味的にはそのままですが、人は真っ白や真っ黒という極端な状態の意味を持つことはありません。白も黒もあるのが人なのです。例えば、深層意識が「あなたは無垢です」というメッセージを出すとすれば、白よりも、そのままの状態を表すピーチや、自然を意味する緑など安らぎを感じるような色が出てくるでしょう。

　白と黒と灰の無彩色は、リーディングではよく「意識の奥深くに隠された問題」を表す時に出てきます。黒は罪悪感や抑圧、灰は抑制や合理化、白は感情の切り離しや否認などを表します。これらは自分では認めたくない、または直面したくない思考や感情を心の奥で操作してなかったことにする"防衛機制"という心理作用です。黒の抑圧は無意識で思考や感情を心の奥に押し込める働きで、灰の抑制は意識的に押し込めることです。白も黒も灰も「そんな思考や感情はない」ということにしたい意志の表れなのです。"ない"という意味では、黒は「暗闇で見え"ない"」、白は「感情が飛んでしまって"ない"」、灰は「本音を言わ"ない"」と捉えると理解しやすいでしょう。リーディングで無彩色が出た場合には、隠された本当のことは何かを知るために、有彩色が出るまでカードを引いてみることができます。

〈白と黒のストーリー〉

　白と黒の関係は「昼」と「夜」を表します。昼は「明るい」という意味で「陽・ポジティブ」、明るみに出た意識という意味で「表面意識」、高い意識という意味で「神聖さ」を表します。夜は「暗い」という意味で「陰・ネガティブ」、隠れて見えない意識という意味で「無意識」、闇の意識という意味で「邪悪さ」を表します。

　白の影響が出ている色は、3黄、11ピンク、12ピーチ、13水色で、それぞれポジティブな意味を強く示す色です。一方、黒の影響が出ている色は、8紺、9紫、14茶、15オリーブで、それぞれネガティブな意味を強く示す色です。ネガティブといっても必ず悪い意味になるわけではなく、深い海や夢の中、地面や古い思い出など「深さ」や「低さ」、「重さ」や「過去」を示すことがあります。

〈赤と青のストーリー〉

　赤と青は対照的な意味を持っています。赤は「肉体」や「火」のイメージを持ち「積極性」や「攻撃」を表します。対する青は「精神」や「水」のイメージを持ち「消極性」や「防衛」を表します。

〈青とオレンジのストーリー〉

　色は赤やオレンジなど暖かく感じる"暖色"と青や紫など寒

く感じる"寒色"に分けることができます。暖色の代表はオレンジで「能動性」や「外向性」を表し、寒色の代表は青で「受動性」や「内向性」を表します。

〈黄と紺のストーリー〉

　黄と紺は色の輪の反対に位置する色です。黄は色相の中でも最も白に近い色として感じられて「光」を表します。紺は色相の中でも最も黒に近い色として感じられ「夜」を表します。黄は表面意識に関わる「思考」や「明確さ」を、対する紺は無意識に関わる「夢」や「謎」を表します。

〈黄緑と紫のストーリー〉

　黄緑と紫は色の輪の反対に位置する色で、"冒険"という共通のテーマがあります。冒険にも外向性と内向性があり、黄緑は外向性で紫は内向性を示します。黄緑の冒険は、まだ知らない外の世界への冒険、新しい体験や出会いなどへの興味を示すという意味を持ちます。体験を外側に求めるというのは若い世代に多く、外側に自分を探し出す段階です。それは生きるということの哲学といえます。外の冒険でたくさんの経験をすることによって、自分の才能に気付き、自分を理解していくということです。生きることは同時に記憶を溜め込むということで、後の内側の冒険で使うイメージのネタを集めるということです。一方紫の冒険は、未知の内の世界への冒険、無意識への興味を

示すという意味を持ちます。体験を内側に求めるのは高い年齢の人に多く、内側にある本質的な自分を探し出す段階です。それは死ぬということの哲学といえます。死ぬことなく永遠に残るような魂の存在を認めることで、死への怖れを克服しようとする心理作用と考えられます。

〈赤と青と緑とマゼンタのストーリー〉

　赤と青の中間にある熱くも冷たくもない緑は、赤と青のバランスを取っている色です。そこから、緑には"二つの異なった状態のバランスをとる"という意味が出てきます。

　色は物理的には電磁波の波長の違いのことで、それは赤から紫までの色の変化"グラデーション"として見えています。グラデーションにおいては赤と青は最も離れている色になります。このグラデーションの中央にあるのが緑です。緑を見ると目の疲れが癒されるといわれる理由は、波長の違うグラデーションの中間にあり、目の焦点がそこに合っているからです。このように、緑は物理的な色のグラデーションにおいても赤と青の中間にある色なのです。

　また、赤は"交感神経"に関係し、これは覚醒時の代表的な状態を表します。一方青は"副交感神経"に関係し、これは睡眠時の代表的な状態を示します。交感神経はアクセルの役目、副交感神経はブレーキの役目で、無意識はこの二つの働きによって身体を調整しています。緑はこの二つの働きにおいてもバ

ランスを取ろうとします。そして、起きているのか寝ているのかが分からない状態になるのです。そのため、緑を長く見ているとだんだん意識がぼやっとしてきます。このような状態を"催眠状態"といいます。催眠状態では暗示にかかりやすいといわれ、良い使い方では恐怖症の克服や自己啓発などに応用できます。自分に催眠をかけたい時には緑を2分ぐらい見ればいいのです。

このように、緑は物理的にも生理的にも心理的にも赤と青の中間でバランスをとっている色ということになります。緑はどのような関係にも強く「バランス」を求めるので、「安定」して「安全」ではありますが、逆に「変化」を恐れます。人間関係においても、さまざまな人のいる集団のなかでバランスを取ろうとします。しかし、新しい関係を築こうとか、自分に変化を起そうということから保守的になってしまい、古いしがらみに執着する問題も出てきます。これ以上良くもならないけれど、悪くもならないというバランスを取るのです。

さらに良くしたければバランスを壊すことではなく、むしろバランスの上から自分の本質的な魅力へ向かって成長することです。それは緑の反対にあるマゼンタに向かうということです。マゼンタは「セクシャリティー」や「魅力」という意味を持ちます。色の輪の世界において、人は左手（受け取る意味をもつ女性性の手）に赤を持ち、右手（与えるという意味を持つ男性性の手）に青を持ち、緑の大地の上に乗っています。そして、

緑の大地（現実的な基盤、平和の意識）に足をつけて、赤（肉体）と青（精神）を頭上（思考より高い意識、天の意識）で一つに統合するとマゼンタ（自己の本質的な魅力）を得られるのです。

マゼンタは物理的な色の波長のグラデーションの中には存在していない"幻"の色です。グラデーションの端と端にある赤と青を同時に感じると脳内で1色として認知されるという不思議な色なのです。ここから、マゼンタはこの「物理的な世界を超える」という意味を持ちます。そして「魅力」や「愛」を感じさせるのです。

〈ピンクと水色とピーチのストーリー〉

ピンクと水色とピーチは白の意味の影響を受けたポジティブで優しさを感じる柔らかい色ですから、赤と青のように「周りに強い影響を与える」色ではなく、逆に「影響を受け取って表現した」色です。「白い紙に赤の絵の具を薄く塗った」という表現だと理解しやすいかもしれません。原色の絵の具よりも、白い紙の上に描かれた色は薄いということです。

ピンクと水色は赤と青のように対照的な意味を持っています。ピンクは「女性性」の色で「受け取る」という意味を持ち、「優しさ」や「可愛らしさ」を感じさせます。対する水色は「男性性」の色で「与える」という意味を持ち、「自由」や「変化」を感じさせます。「影響を受け取って表現した」という意

味から、ピンクは母親の影響を受け取った色であり、水色は父親の影響を受け取った色ということになります。

マゼンタにはピンクと同じ「愛」という意味がありますが、実はピンクはマゼンタが薄くなった色なのです。愛の影響を周囲に与えるのがビビッドなマゼンタで、影響を受けて生まれてきたのがピンクの子どもです。赤が薄くなるとピーチになります。赤には「肉体」という意味がありますが、ピーチは「自分自身」という意味があり、そこから「自分の肉体を受け取った」ということになります。

ピーチには自分自身の他に「母性」という意味があります。子どもにとっては母親は自分に一番近い人で、生まれる前は母親は自分自身だったのです。生まれてからも他者の認知ができるまでは自分自身でした。ピーチには自他の区別がないくらい、ボーダーレスで素朴な感じがあります。

〈成長と植物のストーリー〉

"緑"という言葉そのものが植物を表しているように、緑は植物と関係の深い色です。色の意味においても全く同じで、植物に関わる意味と同じものを緑の色は持っています。さて、植物は生き物であって、種から枯れて土になるまで一生の流れというのがあります。人はそんな植物の一生に自分の人生を重ねているようで、緑の色の変化には成長と衰退という意味を持っています。

種の色は乾いた土に近い薄橙・ピーチ、もしくは深緑・オリーブです。新芽の色は黄緑で、成長した葉は緑、枯れると茶色になって地面に落ちて土になります。それぞれの色に植物の生長の過程が表れていて、人はそんな植物の色で人生を表現しています。

「まだまだ青いな」という若さを表す表現の"青"はブルーのことではなく、植物の"緑"、グリーンのことです。緑色の信号の色のことを「青信号」と表現したり、緑色の濃い野菜のことを「青菜」と表現したりするのも青は緑のことだからです。

　緑には「集団と自分との関わり」という意味もあります。木は葉1枚だけでなりたっているのではなく、たくさんの葉が集まっているものです。根や幹、枝や葉、花や実にいたるまでそれぞれに目的があり、全てが集まって木という組織を作り上げています。緑は全体と部分の関係にバランスを保とうとする色なのです。そこから、世界や社会、民族や家族などの「集団と自分との関係」に意識を向けるという意味が出てきます。

　緑の葉はやがて枯れて土になります。枯れ葉の色である茶は同時に土の色でもあり、オリーブも自然環境を思わせるアースカラーの1色です。オリーブには「緑が暗くなった」という意味もあり、緑が集団と自分との関係を表すのに対して、オリーブは「集団と自分に共通する無意識」である「集合的無意識」を表します。

　地面というのは肉体の基盤を表し、地面の下は原初的な意識

「無意識」を表します。地面から生えた黄緑の芽は表面に出てきた意識「表面意識」を表します。大人になって緑の葉になると自分と他者の関係に意識を向け出し、マゼンタの花は生殖活動を通して子孫を残し、種が拡大していきます。やがて葉は枯れて再び茶の無意識、オリーブの集合的無意識に戻っていくのです。

〈温度と色の関係〉

色のグラデーションには、光のスペクトルから作られた虹のグラデーションの他に、温度を表すグラデーションというのもあります。燃えているものが出す光の色は、燃える温度の高さによって違います。温度が低いと光は赤く見え、温度が高くなるにつれて白っぽくなり、高温では青くなります。このことはそのまま星の色にもあてはまります。温度と色の関係から、黒は赤と青に近く、白は黄色と水色に近いのが分かります。

【温度と色の変化】

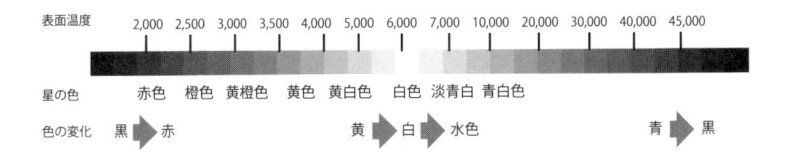

表面温度	2,000	2,500	3,000	3,500	4,000	5,000	6,000	7,000	10,000	20,000	30,000	40,000	45,000
星の色	赤色	橙色	黄橙色	黄色	黄白色		白色	淡青白	青白色				
色の変化	黒 ➡ 赤				黄 ➡ 白 ➡ 水色						青 ➡ 黒		

○色の輪に隠された壮大な人生の物語

　赤、オレンジ、黄、黄緑、緑、青緑、青、紺、紫、マゼンタと色のグラデーションは続き、再び赤に戻って色の輪ができあがります。物理的には色は電磁波の一部ですから、赤の外には赤外線があり、紫の外には紫外線が続きます。けして輪になることのないグラデーションですが、人にとってはマゼンタを追加すると輪になるように感じるのです。マゼンタは物理的に特定の波長を持たない脳内だけの幻の色なので、色の輪というのは人の脳内だけの閉じられた視覚的世界を表しているのです。人はこの輪の外の世界を"見る"ことはできません。色の輪は視覚的世界を閉じて、この世界が完結しているように見せるための錯覚なのです。

　色にはそれぞれ違った意味がありますが、それを色の輪の順番に並べていくといったい何が分かるのでしょうか？

　実は、色の輪には人生のストーリーが隠されているのです。これから、人が生まれて死ぬまでの人生の壮大なストーリーを、色の輪の順番で読み解いていきます。

　色の輪の初めは赤です。赤い血と一緒に赤ちゃんは生まれてきます。赤は血の通った肉体の色、この世の体、自分の基盤を表します。初めに肉体ができあがり、脳のシナプスは体の地図を描き始めます。手が動かせるようになり、足が動かせるようになります。

次に感情が細分化していきます。初めは泣くか寝るかの反応だった赤ちゃんが、痛い、好き、嫌い、嬉しい、悲しい、寂しいというふうにどんどん感情ができてきます。感情表現によってお母さんに自分の状態を伝えるのです。感情は人生を体験する精神的な基盤になっていきます。感情を表すのはオレンジです。オレンジの外向性は感情の表現や人間関係、そして生きる意欲を表します。やがて自他の区別を行う自我が生まれ、育まれます。

　肉体と感情の次は思考が発達します。言語を覚えて、それによって明確な記憶ができるようになり、頭の中で未来を推測する力が養われます。思考を表すのは黄です。思考は判断につながり、区別によって明確に理解できるようになる意味を持っています。黄は判断を促す色なのです。

　肉体と感情と思考という三つの自分の基盤ができあがると、次は人生の基盤を作り上げていきます。若者は怖れを知らず、興味の向くまま冒険を始めます。ワクワクする体験です。そこには新しい世界が広がっていて、新しい出会いがあります。新しい世界への冒険を表すのは、草原の色である黄緑です。

　いつしか若者は社会と自分との関係に意識が向き出します。人間関係への悩み、コミュニケーションの悩み、他者との関係から自分とはいったい何者なのか考え始めます。こうして若者は自分なりに努力をして「自分探し」を始めます。しかし、まだ若者ですから、黄緑のように外側に自分を探すことから始め

るのです。外を探しても何も見つからないということを知るには青の時期を待つしかありません。集団と自分との関係を表すのは緑です。

集団という意識が上手く育てば、社会人となるでしょう。人間関係においてそれほど上手くいっているかどうかは別として、やがて個性が見つかってきます。個性はもともとあったのですが、人は自分の個性というものを他者や世界との関係においてしか見つけることができません。自分探しだと思ってやっていたことは、自分試しだったのです。そして個性を見つけるチャンスは困難な状況というかたちで体験します。逃げずに、向かい合えばそこに自分の才能を発見するのです。個性や才能を表すのは青緑です。

色の輪は青緑という暖かい春の風の色で伝えているのですが、残念ながら大勢の人がここから逃げ出してしまいます。青緑からの道のりはとても険しく、緑で苦しむとなかなか進むことはできなくなります。青緑の次は水色です。寒色の世界では冷たさが待ち受けています。あなたを温めてくれる人はもうどこにもいないのです。代わりに、あなたが誰かを温めることができます。世界に対して自分を差し出すのです。自分の才能を与え、変化を起す男性性を表すのは水色です。自己表現とは自己満足ではなく、人のために才能を使うこと、自分の人生に変化を与えることだと水色は伝えています。

世界との関係はやがて自分自身との関係に進んでいきます。

chapter 3 色のストーリー

冷たい水の中に入るように、自分の内側の世界に入っていきます。自分に正直になり、心の中に自分を探し始めます。水色の晴れた空は、日が傾き、夜がやってきます。青は精神を表す色です。悲しさも寂しさも自分の心がつくり出しているのです。

　人生の真夜中です。夢や瞑想の中で自分の内面に意識を向け始め、深く潜り、潜在意識、無意識の領域に到達します。死が迫っています。夜明け前はけして日が昇ることがないと思えるくらい真っ暗なのです。心の奥深くを表すのは紺です。紺は黒に最も近い色です。でも忘れないでください、紺は黒ではないのです。必ず日は昇ります。

　深い精神の旅の終わりには魂の夜明けが待っています。それは同時に死の準備のことです。死には怖れや不安がやってくるでしょう。しかし、紺の時期に悟った者にとってはそれほど苦しいものではありません。緑で止まっていた者にとっての死は、ただ枯れて土に戻る肉体という意味にしかなりませんが……。死の哲学は紫が表します。赤と青の混色である紫は、死を受け入れることで生を全うするということを伝えています。人は死を永遠とも思われる魂の旅と考え始めるのです。

　紫から先は死後の世界です。紫外線は存在するのでしょうけれど人には見えません。色の輪はここから現実の色ではなく幻の色になります。幻の色とはマゼンタです。赤と青を光の混色で統合されたのがマゼンタです。赤と青の統合は男性性と女性性の統合でもあります。マゼンタは愛の色であり、愛の光の中

での統合では新しい生であるピンクが生まれます。ピンクはマゼンタの光を受けて生まれた赤ちゃんを表します。マゼンタは肉体の赤につながっていくのです。親から子へ、愛によって生が受け継がれていくことをマゼンタと赤が伝えています。

○色の輪の世界

色から連想される代表的なイメージを色の輪に当てはめてみると、それぞれの色の関係性がよく分かります。図【色の輪の世界】では、R（赤）、Y（黄）、G（緑）、C（水色）、B（青）、M（マゼンタ）の基本の６色を記した色の輪の周りに各色の代表的なイメージを配置しています。

赤は、"熟れた果実、赤い太陽、火、火山（地表＝表面意識に出たエネルギー、または怒り）"、暗くなった茶色は"地面（地中）"。オレンジは、"食べごろの果実（食、団欒）、オレンジの太陽（豊かさ、情緒）"。黄は、"昼間の太陽（明るみに出た意識＝表面意識、思考）、雷"。黄緑から緑にかけては、"植物の生長の輪（人の成長）、新芽、緑の大地、バランス"。水色から紺にかけては、"風（声）、水（感情）、雨（涙）、川（時の流れ）、海（無意識）、月"です。海には"イカ"がいますが、イカの目にはロドプシンという光受容タンパク質があり、このイラストは"視覚"を象徴しています。紫からマゼンタにかけては"花（個性、魅力）、脳の奥（無意識）"です。

chapter 3　色のストーリー

　中央に立っている人にはインド哲学におけるチャクラが配置されています。

　番号は対応するカードの番号です。

> コラム3：色が見えると何が分かるのか？

　色というのは生きるのに必要かというと、実はそれほど必要ではないのかもしれません。どこに何があるのかを知りたいならモノクロでも問題がないからです。

　私の小さい頃にはモノクロテレビというのがありましたが、何が映っているのか理解はできました。人は、暗くてよく分からないものが映っていたとしても、動きがあるとすぐに分かるのです。草むらに隠れていて一部しか見えていなくても、ほんのちょっと動いただけでそれが何かは分かります。色が上手く見えなくても世界は見えますが、明るさが見えないと世界は真っ暗なのです。

　一説によると、色が見える理由は緑の森の中から赤く熟れた果実を探し出すためだというのがありますが、それなら緑を見る必要はなく、むしろモノクロに赤だけの方が上手く見つけられます。スピルバーグ監督の「シンドラーのリスト」という映画では、モノクロの画面に赤い色が突然現れて強く印象に残ります。

　では、色があるのとないのとは何が違うのでしょうか？

　その答えは、モノクロ写真がカラー写真になることで、どのような情報が伝わるようになるのかを考えるとわかります。

　一つは"感情・感動"です。モノクロでは何が映っているの

かを知ることはできても、なんともいえない感動的な景色を伝えることはできません。そういえば、「景色」という言葉そのものに「色」という言葉が入っていますね。ドキッとさせる赤いドレスも、吸い込まれるような海の青さも、地中海の白い街が黄色い午後の光に照らされていく景色もモノクロでは伝えられません。色は言葉では上手く伝えることのできない抽象的な情報で、人の心の奥にある欲望や感情に働きかける刺激です。

そして、もう一つは"状態・体調"です。人は食べ物の色からその状態を知ることができますが、それ以上に他人の顔の色に敏感です。「顔色をうかがう」というのは相手の気分を知ろうとする行為ですし、お母さんは子どもの体調の変化を顔色ですぐに気付きます。赤い顔、土色の顔、青い顔などは本当に顔が赤くなったり青くなったりするわけではなく、体調の変化を表しています。これもカラーリーディングですね。

これらのことから、進化の過程で獲得した色覚が教えてくれているのは、私たちは「ただ生存する」のではなく、「感動的に生きる」ということ、そして「他者の体調の変化に気付き協力し合える」ということなのかもしれません。

chapter 4

色のメッセージ

【1：レッド／赤】

　赤の中心的なテーマは「火」と「血」です。火は破壊と創造のエネルギーという意味を持ち、感情においては「情熱」や「怒り」に、感覚においては「熱」や「痛み」、「辛さ」につながります。血は「血の通った……」という意味から、「生」や「肉体」につながります。さらに、肉体とエネルギーで「生命エネルギー」という意味になります。また、ビッグバンや、赤い太陽など「始まり」というテーマもあります。赤と青には、「火、肉体」と「水、精神」という対照的な関係があります。この赤と青のバランスをとっているのは緑です。赤が明るくなるとピンクになると思われますが、意外なことにピーチになります。赤が暗くなると茶色になります。色の輪において赤の反対にある色は水色です。

■ワンカードの意味

　生命力や情熱、意欲が出ているのかもしれませんし、怒りや痛みがあるのかもしれません。あまり肩に力をいれずに深呼吸してください。体の奥からじわっと力が湧いてくるのを感じてみましょう。

■スリーカードの意味

　1枚目　パワーやエネルギーに関係するテーマがあります。生

命力や努力が必要な状況が過去にあったのかもしれません。怒り、物理的な問題、実際に起こったショックな出来事、事故などです。

2枚目 パワーやエネルギー、努力や情熱が必要な時です。リーダーシップが必要な時かもしれません。空想に逃げないで現実の問題、今ここに意識を集中しましょう。また、怒りに関わる問題かもしれません。怒りを癒す必要があります。

3枚目 パワーやエネルギーが湧いてきます。やる気や元気が出てくるかもしれません。

■色の意味

生命、肉体的、物理的、情熱、積極、自発、熱血、エネルギー、行動力、決断力、興奮、力、熱、決意、闘志、精力、努力、刺激、陽性、華やか、強気、大胆、祝福、セクシャリティー（肉体的・情熱的）、がんばり、指導者、合格、達成、勝利者、押しが強い、赤い太陽、完熟の果実、真っ赤な花、革命、血、溶岩、火山、怒り、攻撃、敵、闘争、痛み、反抗的、乱暴さ、残酷、暴力、危険、頑固さ、恐怖、悪評、生命における苦しみ、焦り、強引、畏怖、ストレス、ワーカホリック、負けず嫌い、喧嘩、短気、警告、禁止、失格、直情

【2：オレンジ／橙】

　オレンジの中心的なテーマは「外向性」と「欲」です。外向性が自分に向くと「希望」や「喜び」に、他者に向くと「人間関係」や「フレンドシップ」、「リーダーシップ」につながります。「欲」は「食欲」、「性欲」、「物欲」、「成功欲」などに関係しています。オレンジは黒や紫と違い、ポジティブな面が強く感じられる明るい色であり、メッセージとしては「欲は悪いものではなく人生をより豊かに、楽しくするものである」ということになります。罪悪感は黒や紫などの暗い色が持っています。オレンジが明るくなると赤と同じくピーチになりますし、暗くなると茶色になります。色の輪として反対側にあるのは青で、「外向性」のオレンジに対して青は「内向性」という意味になります。

■ワンカードの意味

　内側に引きこもらず、積極的に外に意識を向ける必要があるのかもしれません。友達を誘って食事を楽しむのもいいでしょう。

■スリーカードの意味

　1枚目　人間関係、社交というようなテーマがあります。本当はもっと人間関係に意識を向ける必要があったのに、自分の中

に引きこもってしまったのかもしれません。ポジティブな感情や食べ物というテーマもあります。

[2枚目] なんらかの分野でリーダーシップが求められています。社会との関わり、仕事の仲間との関わりなど、自分の外側の人間関係に意識を向けてみましょう。誰かとおいしいものを食べに行くのもいいかもしれません。友達や家族、パートナーとの団欒もいいでしょう。

[3枚目] 引きこもっていた自分に別れを告げて、いよいよ外に出て行く時がきます。誰かからパーティーや食事に誘われるかもしれません。ビジネスにおいても恋愛においても素敵な出会いがまっているかもしれません。おいしい物を食べて、楽しくおしゃべりをして、幸せを感じてください。

■**色の意味**

外向的、感情的な温かさ、積極性、行動、勇気、社交、前向き、成功、親しみ、陽気、充実感、好奇心（感情的）、喜び、明るさ、寛大さ、精神的な苦痛を和らげる、食欲、団欒、建設的、気前のよさ、活動的で軽快、熟した果実、黄昏時の太陽（豊かさ、情緒）、成功への恐れ、威圧的な態度、混乱、思慮不足、周囲の目が気になる、コントロール不能、高慢、横柄、押しつけ、自慢屋、過度の自己主張、目立ちたがり、喜びのなさ、憂鬱、悲しみ、わがまま、腸の不調

【3：イエロー／黄】

　黄の中心的なテーマは「光」と「反射」です。よく晴れた日の太陽の光は夜の闇とは逆の意味を持ちます。「闇に光が差し込んで、そこに何があるのかを明らかにする」、「明確」という意味になります。そして、「具体的にする」という意味から「思考」につながります。感情においては、光り輝いている状態ということから「元気」や「好奇心」という意味になります。ピカッと光るフラッシュのような色であることから「反射」という意味を持ち、そこから「瞬間的」な「判断」につながります。黄は色相の中で白の次に明るく感じる色です。暗くなると茶色になります。色の輪において黄の反対側にあるのは、青や紫で、黄は「昼、表面意識」、青や紫は「夜、潜在意識・無意識」という意味を持ちます。

■ワンカードの意味

　元気が欲しいのかもしれませんし、問題解決のためのインスピレーションを受け取るかもしれません。なにか明確じゃない問題があれば、書き出してみましょう。解決の糸口を見つけるかもしれません。

■スリーカードの意味

[1枚目] 明るく元気な状態というテーマがあります。何かの判

断か、何か明確にしようとしていることがテーマとなっているかもしれません。

2枚目 何かを明確にする必要があります。怖れずに闇に光を当ててください。問題の裏側、隠れた真実、本当の欲求など、明らかになっていないものがあるかもしれません。

3枚目 素敵なアイディアやインスピレーションを受け取るかもしれません。真実が明らかにされるかもしれません。または、楽しく、ワクワクした状態がやってくるかもしれません。

■ **色の意味**

元気、希望、判断、反応、知的好奇心、知る、理解する、考える、インスピレーション、ユーモア、注意、楽観的、機敏、眼識、決断力、神経、話す、書く、左脳的、言語、客観視、豊穣、繁栄、豊かさ、楽しさ、乾燥、表面意識、光、雷、電気、砂漠、警告、ヒステリー、批判、不満、小言、皮肉屋、裏切り、不信、軽率、曖昧、傲慢、気難しい、自己中心的、理想主義、逃走か闘争か、臆病、偏見、計算高い考え方、悪意、お世辞、破壊的統治、精神的鬱、狂気、抑圧、パニック

【4：イエローグリーン／黄緑】

　黄緑の中心的なテーマは「新しい始まり」と「若さ」です。人の成長は植物の生長に投影されることから、緑系の色は人のライフサイクルの象徴となっています。「新芽」のような黄緑からは「若さ」や「新しい始まり」を感じます。黄の「元気、好奇心」と、緑の「集団の意識」という二つの意味を合わせ持ち、「元気な若者が社会に出て大人になろうとしている」という意味になります。時として危険を顧みない若者の行為は、種の保存においては危険に思えます。しかし、このような「冒険」は逆に活動の範囲を拡げたり、新たな発見をするチャンスがあり、種に対して有利に働きます。明るくなると黄に近付き、暗くなるとオリーブになります。色の輪において、黄緑の反対には紫があります。

■ワンカードの意味

　新しいことを始めるいい時期かもしれません。ワクワクするようなことに意識を向けてみましょう。期待通りにいくかは分かりませんが、時には恐れずにチャレンジするのもいいでしょう。

■スリーカードの意味

1枚目 新しいスタート、チャレンジというテーマがあります。

恐れを手放して進んだ結果、あなたは成長して次のステップに来たのです。期待は希望に思えるかもしれませんが、それはプレッシャーになります。

[2枚目] 新しいつながり、グループ・マインドを知り、学び、成熟することが求められます。目標を具体的にしてマニフェストを作り、成功もまわりの仲間も信じましょう。

[3枚目] 何か新しいことが始まるかもしれません。ワクワクさせる出来事、新鮮な出来事が待っているでしょう。それは新しい学びの時期、成長の機会です。

■色の意味

新たな始まり、スタート、ワクワク、好奇心、若さ、フレッシュ、無邪気、前進、成長、変化、元気、活力、軽やか、喜び、記憶力、識別力、酸味、寛大、表面意識、実践的な科学者、自由への一歩、緊張感のない幸せ、見通しが良い、草原、新芽、若葉、危なげな感じ、中身が伴わない、未熟、期待、信頼のなさ、軽率

【5：グリーン／ビリジアン／緑】

　緑の中心的なテーマは「バランス」と「集団の意識」です。赤と青の中間で「バランス」を取っている色であり、そこから「常に一定に保つ（恒常性）」という意味になります。恒常性は「生命」の基本であり、「健康」や「安全」につながります。人のライフサイクルの象徴としては「社会人」を意味し、「集団と自分の関係」に意識を持ち「成長」していく過程を意味します。成長には"常に変化し続ける"という必然性がありますが、緑の持っているバランス意識が過剰になると、「変化への怖れ」を感じさせ、「安定は安心」であるという問題につながります。緑が明るくなると黄緑に近くなります。暗くなると意味的にオリーブに近くなります。色の輪において緑の反対側にあるのはマゼンタです。

■ワンカードの意味
　人間関係においても仕事と家庭においても自分自身の心と体においても、バランスが必要な時かもしれません。少し休息をとってみましょう。森の中にいるイメージで深呼吸してみましょう。

■スリーカードの意味
　1枚目　バランスや平和、健康に関わるテーマがあります。体

と心とあなたのバランスのテーマかもしれません。変化への恐れというテーマもあります。また、集合意識というテーマもあります。ある集団とあなたとの関係です。

[2枚目] 何かと何かのバランスをとる必要があります。節制が求められています。また、いま関わっている集団に意識を向ける必要があるかもしれません。集団とあなたの関係において何かのバランスをとることが求められています。

[3枚目] お金において、健康において、人間関係において、何かバランスがとれてきます。そのバランスの中では平和や安全を感じるでしょう。しばしの休息が訪れます。

■色の意味

バランス、恒常性、生命、健康、回復、維持、瑞々しさ、育つ、新鮮、潤い、エコロジー、調和、安らぎ、穏やかさ、くつろぎ、休息、平和、安全、自由、永遠、希望、集団の意識、社会、欲望充足、中立、平衡、平静、伝統、博愛、保護、衛生、賢明、有能、効果的、再生、癒し、寛容さ、良識、理解力、順応、自然、緑の大地、森、草、常識、平凡、優柔不断、苦い、渋い、毒、当てにならない、退屈、無頓着、利己心、無関心、過度の用心深さ、疑念、嫉妬、怠惰、ジェラシー、変化の拒否、過度のストレス、疲労感

【6：ターコイズグリーン／青緑】

　青緑の中心的なテーマは「個性」と「才能」です。緑の「集団の意識」と水色の「表現」を合わせ持つ色で、集団に対して自分を表現していく「自己表現」につながります。他者と自分との違いのことを「個性」といいますが、個性的な自己表現を追求しすぎると「オリジナリティーへの執着」である「特別さ」や「束縛から解放されたい欲求」というような問題につながります。水色にも青緑にも「与える」という共通のテーマがありますが、水色が「変化や自立のために与える」のに対して、青緑は緑の持つ「集団の意識」の影響もあることから、「集団に対して自分の才能を与える」という意味になります。青緑の反対の色は赤です。明るくなると水色に近くなり、暗くなると青やオリーブに近くなります。

■ワンカードの意味

　自分の正直な気持ちを感じる必要があるのかもしれません。誰かに何かを伝える必要があるのかもしれません。心のこもったコミュニケーションをしましょう。

■スリーカードの意味

1枚目 自己表現というテーマがあります。属している集団の中であなたは自分を押し殺していたのかもしれません。思いを

chapter 4　色のメッセージ

伝える必要があります。また、束縛から逃れて自由になりたいという欲求があるのかもしれません。

2枚目 自分のやり方か他人のやりかたかという葛藤を手放す時です。誰のどんなやりかたかということは問題ではありません。自分の思いを分かち合う必要はありますが、他人も信頼する必要もあります。属している集団を知り、そこに自分を与えるということです。

3枚目 誰かに自分の声が届きます。才能が発揮される時かもしれません。新しいアイディアを受け取るかもしれません。

■色の意味

自己表現、個性、感性、芸術活動、創造性、本音、物語、分かち合い、新しいアイディア、清潔感、清涼感、洗練、品格、解放、潜在意識を掘り起こす、星、天文学、秘密を解読する、経済的に自立、人前で話をする、湧き水、暖かい風、湿気の多い風、ナルシスト、束縛から逃れる、潔癖、孤独感、孤立感、虚栄的、自己中心的、理想主義、自由気まま、不自由な状態への怖れ、わがまま、潜在意識や無意識のパターンに支配されている、より多くのものを得ようして混乱や無力感が表れて厄介な出来事に悩む

【7：ブルー／青】

　青の中心的なテーマは「水」と「感情」です。「海」や「湖」などの「水」は「浄化」や「冷静」などにつながります。赤の火に対して水というように、赤と反対の意味を持ち、赤の肉体に対して、青は「精神」の象徴になります。水のように流れ、揺れ動く心の状態は「感情」を象徴し、「冷静」や「信頼」を感じさせる反面、「悲しみ」や「孤独」も感じさせます。多くの「生命を育み包み込む母なる海」をイメージさせ、海は心の奥深くである「深層意識」を象徴します。青は紺と同じく黄と反対の意味を持ち、黄は「陽」で青は「陰」となります。色の輪として反対にあるのはオレンジで、こちらの場合はオレンジは「外向性」、青は「内向性」という関係になります。明るくなると水色になります。

■ワンカードの意味

　落ち着きが必要かもしれませんし、悲しみがあるのかもしれません。今の自分の感情に優しくしてあげましょう。

■スリーカードの意味

　1枚目 精神的なテーマがあります。また、落ち着き、浄化、信頼や献身というテーマがあります。無気力な状態というテーマかもしれません。

2枚目 今はとにかく深呼吸をして落ち着く時です。時間の無駄と思わずに、心の中に意識を向けて平和を取り戻しましょう。何かするならそのあとにしてください。また、無気力な状態かもしれません。その場合は温かいものを食べるか誰かと話をするといいでしょう。

3枚目 上手く流れに乗っていきます。平和や愛を感じるでしょう。なんらかの悪い状態が浄化されるかもしれません。

■色の意味

冷静、誠実、信頼、正確、確実、思慮深さ、知性、真心、献身、精神的な安定、安心、透明性、自由、未来、精神統一、独立、平和、永遠、心のサポート、高貴、名誉、忠誠、精神性、崇高、信仰、真理、調和、平穏、真面目、紳士的、従順、平等、賢明、青春、空気、空、水、雨、川、海、湖、憂鬱、反省、倦怠、遠慮、心配、義務、保守的、孤独、寂しさ、虚弱、疲労、心的不安、狂気、規律、服従、未熟、情緒不安定、不誠実、冷淡、人を信じない、機転がきかない、非現実的、白昼夢、鈍さ、食欲減退、意気消沈、疑い深さ、自己満足、無気力な状態

【8:インディゴ／紺】

　紺の中心的なテーマは「深淵」と「直感」です。紺は色相の中で黒の次に暗く感じる色で、「夜明け前の真っ暗な状態」を意味します。そして、「死」や「新たな誕生」の予感であり、「変革」につながります。真っ暗な状態では、視覚や聴覚など「洞察力」や「直感」が鋭くなります。青が海を表すのに対して、紺は海の最も深い部分「深淵」を表します。深淵は、精神の最も深いレベルである「無意識」につながります。紺の反対には黄があります。明るくなると青になり、暗くなると黒になります。

■ワンカードの意味

　何か大きな変化があるのかもしれません。瞑想をしてみることで落ち着きと直感を受け取るかもしれません。

■スリーカードの意味

[1枚目] 変革への気付き、物事の深淵を知る、まもなく到来しようとしている時代というテーマがあります。無意識の深いレベルのテーマです。

[2枚目] 今、変革の時期です。夜明け前は、明日は二度とこないとさえ思えるくらい暗いものです。しかし必ず朝はやってきます。この一番暗い時期だからこそ、新しい朝を信頼して自分

を全てあたえる必要があるのです。卒業するのか、新しい関係になるのかは夜が明ければわかります。今は判断を手放しましょう。

3枚目 もうすぐ変革が訪れます。今までのものとはまったく違う、新しいレベル、新しい時代がやってくるかもしれません。また、何かの気付きを得るかもしれません。

■色の意味

深淵、直感、夜明け前、変革、変化と成長、破壊と創造、人生の学び、謎、観る、洞察力、千里眼、努力、落ち着き、重厚感、強い精神力、信頼感、自己管理、知性的、粘り強い、誠実、引越し、識別力、理性、鍛練、落ち着いた優れた決断、魂の浄化、夢、瞑想、月、深海、ストイック、堅苦しさ、挫折、精神的疲労、独裁的、権威主義、強迫的、束縛、無駄骨、中毒

【9：パープル／バイオレット／紫】

　紫の中心的なテーマは「神秘」と「悟り」です。紫は赤と青の混色で「統合」という意味を持ちますが、同じ統合の意味を持つマゼンタよりも暗い色なので、「深層意識での統合」、「内向的な統合」というテーマになります。「死」を意味する紺の次の色である紫には、生と死、善と悪、プラスとマイナスという二元的なものを一つに統合して「本質に気付く」「悟り」という意味があります。紫は非日常的な色であり、「神秘」や「謎」を感じさせ、ポジティブな意味では「芸術」や「哲学」に、ネガティブな意味では未知なるものへの「怖れ」や「不安」につながります。色の輪の反対には「思考」の黄や、「若さ」の黄緑があります。明るくなるとマゼンタになり、暗くなると黒になります。

■ワンカードの意味

　不安や恐れがあるのかもしれませんし、幻想的で芸術的なものに魅了されているのかもしれません。落ち着いた音楽を聴くのもいいですし、美術館に出かけてみるのもいいでしょう。

■スリーカードの意味

1枚目：深いレベルでの統合というテーマがあります。何かへの恐れというテーマかもしれません。無意識の深いレベルの

テーマです。

2枚目 葛藤している二つの状態の統合が求められています。恐れや不安を超えて、問題と向かい合い、直感を受け取る時期かもしれません。無意識の奥深くからの重要なメッセージを受け取るため瞑想するのもいいでしょう。

3枚目 まもなく統合されます。何かと何かが統合され、一つの新しい状態になるでしょう。無意識の奥深くからの重要なメッセージを受け取るかもしれません。

■色の意味

自尊心、高貴、崇高、権威、尊敬、統合、神秘的、ミステリアス、スピリチュアル、高次な魂、死の哲学、未知の世界への冒険、無意識、悟り、宗教、心の癒し、永遠の魂、無限、成熟、品位、男性性と女性性のバランス、アイデンティティー、個性的、芸術、美、霊感、感性、独創的、繊細、心の平和、本質に気付く、思慮深さ、奉仕、精神的指導者、セクシャリティー、タントラ、性的な魅力、希少価値、本能的な欲求、紫の霧、恐怖、不安、罪悪感、嫉妬、淫乱、堕落、無慈悲、独裁、傲慢、過大評価、自己完結、妄想、現実逃避、ナルシスト、疲労感、思い上がり、陰気、謎、偽り、欺き、プライドの高さ

【10：マゼンタ／赤紫】

　マゼンタの中心的なテーマは「愛」と「魅力」です。赤と青の光の混色で「統合」という意味を持ちますが、同じ統合の意味を持つ紫よりも明るい色なので、「高いレベルでの統合」、「外向的な統合」というテーマになります。心も体も全てが一体となって光で満たされた状態を表します。それは、自分の「魅力」を受け入れ、日常の全てを「愛」することにつながります。男性と女性の愛、統合からは子どもが生まれます。そのためマゼンタには「新たな生」というテーマもあります。新たな生の次には、赤の肉体を持つことになります。マゼンタは赤と青の光の波長を同時に感じた時に脳が着色する「幻の色」で、特定の波長を持っていません。明るくなるとピンクになり、暗くなると紫に近くなります。

■ワンカードの意味
　自分の才能や魅力を受け入れる必要があるかもしれませんし、何かに対して愛情が必要な時かもしれません。あなたは今のままでも十分魅力的だし、才能豊かです。そのことを受け入れて自分に優しくしてください。

■スリーカードの意味
　1枚目 自己価値や愛にかかわるテーマがあります。羞恥心や

無価値感を超えて、本来の自分の魅力を取り戻すというテーマかもしれません。また、完全なる統合というテーマもあります。

2枚目 羞恥心や無価値感を超えて、本来の自分の魅力を取り戻す時です。新しいチャレンジが求められるなら、おもいきってやってみましょう。新しい才能が開花するかもしれません。あなたにはとても価値があります。美しく、愛される存在です。そのことを受け入れてください。

3枚目 愛されるでしょう。新しい価値を受け取るかもしれません。新しい誕生を迎えるかもしれません。

■色の意味

完全なる統合、自己価値、個性、新しく誕生する、美しさの創造、情熱的な愛情表現、感謝の気持ち、献身、尊敬、高いレベルの成熟、セクシャリティーの開花、魅力、感性豊か、ネガティブの解放、日常のさまざまな所に美と愛を見つける、物理的な世界を超える、赤紫の花、狂信的、支配的、独占的、完璧主義、極端、孤立、お節介、悪女、自分の力への怖れ、自己評価の低さ、心的ストレス、不快感、わがまま

【11：ピンク／桃色】

　優しく柔らかく、「受容」、「女性性」を象徴する色です。また、「母親」を意味する色でもあり、「細やかな気遣い」、「世話好き」、「いたわり」、「思いやり」、「幸せ」などを感じさせます。ピンクが問題となるのは「依存」を表す時で、「かわいがって欲しい」、「愛されたい」、「甘えたい」、「まだ子どもでいたい」、「寂しい」などの心理が隠れています。テーマとなる場合は「自立」となり、「受け入れる」、「受け取る」、などの「受容」に関わるテーマを示すことがあります。反対の意味を持つ色は「男性性」のシアンです。明るくなると白になり、暗くなるとマゼンタに近くなります。

■ワンカードの意味

　甘えがあるのかもしれませんし、何かを拒み続けているのかもしれません。誰かが送ってくれている愛情を感謝して受け取りましょう。その愛情はあなたの望むカタチのものではないかもしれませんが、それでも感謝が必要です。

■スリーカードの意味

[1枚目] 女性性のテーマがあります。優しさ、愛情、受容に関わるテーマです。受け入れること、受け取ることが求められていました。また、愛されたい、甘えたい、優しくされたいとい

う思いもあったかもしれません。

[2枚目] 受け入れること、受け取ることも愛情です。与えられているものを受け取りましょう。なんでも自分一人で背負い込まずに、みんなの力を受け取ってもいいのです。今は感謝と愛が必要です。

[3枚目] 何かの援助を受けるでしょう。誰かに愛される、誰かから助けられるかもしれません。

■色の意味

チャーミング、若さ、温順、甘い恋、初恋、恋心、気遣い、いたわり、思いやり、幸せ、柔らかさ、エレガント、至福、共感、女性性、果実、ピンクの花、依存、甘え、幼稚さ、努力や根性を嫌う、ナイーブ、か弱さ、現実逃避、母親との問題、人間的に成熟が必要、自分を見失う

【12:ピーチ／ペールオレンジ／ベージュ／コーラル／薄橙】

　ピーチの中心的なテーマは「素朴」と「親近感」です。ピーチは一番安心できる色で、「親近感」や「親密感」のある「そのままの自分」を表す色です。熱すぎも冷たすぎもしない「快適さ」や「安らぎ」を意味します。ピーチの親近感は、「対等さ」を持ち「思いやり」のある「温かい」コミュニケーションにつながります。水色のように「自己表現」をするのではなく、「人の話に耳を傾ける」という「受動的」なコミュニケーションになります。ピーチの親密感は、子を「優しく育む」「家庭的な」母親の意識「母性」につながります。「人に合わせる」傾向がつよくなると、「自分を見失う」や「犠牲」という問題が出てきます。ピーチが暗くなると赤やオレンジに、明るくなると白になります。

■ワンカードの意味

　リラックスして自分に正直になる必要があるのかもしれませんし、自分のことを話すよりも、他人の話を聞く姿勢が必要な時かもしれません。今は自分にも他人にも優しくできる良い時です。

■スリーカードの意味

1枚目 自分に正直になる、または、何かを育てるというテー

マがあります。人の話に耳を傾けるというテーマもあります。

2枚目 本当の自分の気持ちはなんでしょうか。人間関係においては、飾らない素直な自分で接することが求められています。優しく、温かく、血の通ったコミュニケーションが必要です。

3枚目 リラックスした状態になります。本当の自分に気付きます。人間関係においては、優しく、温かい関係になるでしょう。ショックが癒されて自分を取り戻すかもしれません。

■色の意味

対等さ、献身的、素朴、エネルギーの維持、マイペース、ゆとり、優しさ、身近、思いやり、寛大、親近感、親密感、慈悲深さ、人に対する愛情、家庭的、成長をサポートする、柔らかさ、温かさ、幸せ、人の話に耳を傾ける、カウンセラー、セラピスト、受動的、快適、エレガント、幸福感、集団、調整、美的なものを楽しむ、男女関係に関わるショックを楽にする、母性、流木、心理的不安、愛情への不安、報われない愛、犠牲的、人に合わせる、自分を見失う、自分自身を愛することに注意が必要、虐待されたショック、人を信じることができない

【13：シアン／空色／水色】

　水色の中心的なテーマは「変化」と「自立」です。晴れた空、自由な風、清らかな水の「流れ」を感じさせる色で、風や水は大地を削ったり、洗い流したりすることから「変化」につながります。風は「声」、声は「表現」につながります。表現活動は人に自分の才能を与えていくことであり、それは「ビジネス」につながります。ビジネスや変化は「男性性」を象徴し、「父親」を意味します。大人になる上で「自立」は重要なテーマですが、自立しすぎて「自分のやり方に執着する」と、「他人を信用しない」や「自分が全てを抱え込む」、「他人のやり方と自分のやり方」などの問題につながります。水色と対照的な意味を持つ色は「女性性」の象徴であるピンクです。水色の反対には赤があります。

■ワンカードの意味
　あなたの才能を誰かのために使う必要があるかもしれません。それはビジネスにおいてかもしれませんし、友人関係においてかもしれません。実現したい夢を具体的に思い描いてみましょう。

■スリーカードの意味
　1枚目　変化を起すというテーマがあります。開拓している、

新しいものを提供していく、自分の才能を世の中に与えるというテーマです。また、ビジネスに関わることがテーマかもしれません。

2枚目 変化の時です。心を解き放ちましょう。貢献に意識を向けましょう。誰かのために、または何かのためにあなたの才能が必要です。開拓し、自ら変化をつくっていくことが求められているかもしれません。

3枚目 自由になります。ものの見方や感じ方が変わるかもしれません。人生の目的を知るかもしれません。また、新しいビジョンを受け取るかもしれません。

■色の意味

声、コミュニケーション、流れ、変化、変革、開拓者、自由、自立、変化の機会、浄化、清潔感、清涼感、開放的、潔癖、解放、人生の目的、運命、新しさ、親切、理想、明晰なマインド、準備、無私無欲、神と人生を信じる、信仰、献身、純粋な心、出しゃばらないけれど自分の意見を持っている、男性性、与える、父性、空気、空、風、分離、父親との問題、精神的虐待の傷、孤立感や孤独感、熱を奪う、頑固、理想主義、控えめ、全てをネガティブに捉える、若い正義感、学力やキャリアに対してのコンプレックス

【14：ブラウン／茶／焦茶】

　茶の中心的なテーマは「蓄積」と「基盤」です。「土」、「大地」の色である茶には、「安定」や「基盤」という意味があります。歴史を感じさせる深い色であり、地層のように長く「蓄積」されたものを象徴します。それは、長く培われた「学歴」や「ブランド」などにつながります。「落ち着いた大人」のイメージを持ち、「堅実さ」を感じさせる色です。逆に「頑固」という意味になると「出費への怖れ」や、「変化への怖れ」という問題につながります。茶は乾いた土の色であり、「枯渇した状態」というテーマもあります。子どもにとっては「汚い」、「不潔」な感じの色ですが、それは「便」や「泥」などの色として感じているからです。明るくなると赤やオレンジに、暗くなると黒になります。

■ワンカードの意味
　自分に自信がないのかもしれませんし、安心が欲しいのかもしれません。地に足をつけて、一歩一歩努力してきたことが報われる時かもしれません。今まであなたがやってきたことの価値を自分に認めてあげてください。

■スリーカードの意味
　1枚目　安心や安定、基盤や基礎というテーマがあります。積

み重ねられた価値、知識や資産というテーマもあります。

2枚目 積み重ねてきた価値に気付く時です。それは資産、知識、人脈などです。また、現実的になること、地に足をつけて堅実になることが求められています。高い塔も深くどっしりとした土台があるから倒れないのです。落ち着いて、一つ一つチェックしていきましょう。

3枚目 今まで積み重ねてきた価値を受け取ります。努力が報われます。土台ができあがり、揺るぎない安らぎを得るかもしれません。

■色の意味

　安定、安心、土台、基盤、保守的、領土、積み重ねた価値、謙虚、堅実、温和、穏健、定番、上質、結束、落ち着き、勤勉、素朴、シック、やすらぎ、マイペース、面倒見が良い、信用、努力、忍耐、自制、成熟、豊穣、隠れた豊かさ、賢人、歴史、伝統、次の世代に財産を残す、無意識、土、大地、頑固、けち、退屈、地味、不潔、陰鬱、不満、挫折、自信喪失、異性を拒絶する、活力の減退、腐敗、自然の滅亡、物質的欲求、抑圧、反抗、不安定への怖れ

【15：ダークグリーン／オリーブ／深緑】

　オリーブの中心的なテーマは「哀愁」と「集合的無意識」です。オリーブは「枯れ葉」の色でもあり、「哀愁」や「郷愁」などのイメージを持ちます。オリーブは深い「森」の象徴であり、森は「無意識」の入り口を意味します。森の中に入るイメージで瞑想を行うとメッセージを受け取ることができるでしょう。オリーブは、緑の集合的な意識がより深いレベルに向かって「集合的無意識」につながった色でもあります。集合的無意識からメッセージを受け取る場合は、「家族」や「友達関係」「会社」など自分が属している集団に意識を向ける必要があります。集合的無意識のオリーブには、「役割」にはまり「自己を見失う」という問題もあります。明るくなると緑や黄緑になり、暗くなると黒になります。

■ワンカードの意味

　家族のことがテーマにあるのかもしれませんし、会社や学校の仲間か、あなたの属している集団と自分との関係においてとても深いテーマが出てきているかもしれません。まわりに意識を向けてみましょう。

■スリーカードの意味

1枚目 家族や学校や会社の仲間などあなたの属している集団

全員のテーマかもしれませんし、あなたが全体の流れをサポートするというテーマかもしれません。

[2枚目] 答えはとても抽象的です。具体的で明確な答えを求めていたとしたら、その期待を手放しましょう。また、属している集団の中で、彼らをさりげなくサポートすることができます。グループに知識を与えたり、育んだり、みんなで協力し合ったりというリーダーシップがあなたに求められているのです。犠牲ではなく、みんなと共に幸せや豊かさを受け取りましょう。

[3枚目] 懐かしいあの場所、あの感情に戻れます。集団の中の深い意識に気付くかもしれません。みんなと協力して、楽にみんなを導くことができます。心の中から深く平和や安らぎを感じるでしょう。

■色の意味

抽象的、集合的無意識、自然なサポート、女性的なリーダーシップ、心の自由、心の平和、郷愁、家庭的、ナチュラル、素朴、飾らない、助け合い、間接的、見守る、ゆとり、素直、努力が報われる、無意識の入り口、無意識からのサイン、森、枯れ葉、実、役割にはまる、自己を見失う、犠牲的、立場を失う、想像力の欠如、嫉妬、自分を責める、自己欺瞞

【16：ブラック／黒】

　黒の中心的なテーマは「闇」と「抑圧」です。黒と白には、「闇」と「光」という対照的な関係があります。闇は夜の象徴であり、「恐怖」や「秘密」などにつながります。罪悪感や憂鬱など自分が感じたくない問題を闇に隠して、「なかったことにしたい」という「抑圧」の表れでもあります。ただし、隠しているのが悪いものとは限りません。自分の「未知なる才能」や「秘められた力」が明るみに出てしまうことを恐れているのかもしれません。黒は暗い洞窟のイメージでもあり、洞窟は「無意識」の入り口を意味します。洞窟の奥には恐ろしい怪物がいるかもしれませんし、素晴らしい宝が眠っているかもしれません。黒が出たらもう1枚カードを引いて、隠しているものがなんなのかを見てみましょう。

■ワンカードの意味

　怖れや罪悪感などネガティブなものが今のあなたに影響しているのかもしれませんし、心の最も深い部分から直感を受け取っているのかもしれません。暗闇に光を照らすと本当はどんな色が隠れているのでしょうか？　もう1枚カードを引いてみましょう。

■スリーカードの意味

|1枚目| 恐れや不安、罪悪感や死などのテーマがあります。ブラックは無意識に隠されたテーマを示します。カードをもう1枚引いて、それは何かを知ることができます。

|2枚目| 恐れや不安を超えて真実に目を向ける勇気が必要です。また、罪悪感を手放す必要があるのかもしれません。自分も他人も許しましょう。カードをもう1枚引いて、真実は何かを知ることができます。

|3枚目| 将来を、受け取るものを知るのに恐れがあります。カードをもう1枚引いて、それは何かを知ることができます。

■色の意味

無意識、陰、防衛、原初の本能、未分化状態、権威、権力、力強さ、辛抱強さ、硬い、永遠の沈黙、新生、地底、叡智、秘密、隠された真実、隠された才能、芸術、占い、高級感、機能的、都会的、モダン、大人、洗練された、礼儀正しい、堂々としている、堅持、孤高、剛直、虚無、死、恐怖、絶望、破壊、闘争、犯罪、罪悪感、詐欺、隠す、隠蔽、自閉、孤立、高慢、不満、束縛、困難、破壊の力、欠如感、喪失感、鬱、テロリズム、裏切り、深い悲しみ、力への怖れ、悪魔、邪霊、空虚、闇

【17：グレー／灰】

　灰の中心的なテーマは「無個性」と「抑制」です。灰は、彩度を上げれば何かの色になることから、「あえて色を隠している」という心理を表しています。黒が無意識で抑圧しているのに対して、灰は意識的に抑制していることを表します。「グレーゾーン」ということからも、「はっきりしない」「色がない」という意味を持ちます。「あまり自分を主張しないで周囲にあわせる」という考えは、「自分の個性を怖れている状態」ともいえます。人は幸せであれば、自然となんらかの色を求めます。もし意識的に灰を選んだのであれば、自分を控えたい欲求があるということが考えられます。灰が出たらもう１枚カードを引いて、隠しているものがなんなのかを見てみましょう。本当はどんな色なのでしょうか。

■ワンカードの意味

　人生に色がないのかもしれませんし、自分の本当の魅力や才能を恐れているのかもしれません。あなたは何かを他人や自分に隠しているのかもしれません。本当は何かの色なのですがその色を見ないようにしているのです。もう１枚カードを引いてみましょう。

■スリーカードの意味

1枚目 遠慮しているのか、恐れているのか、色がありません。グレーゾーンです。自分がない、意味がない、価値がないというテーマです。カードをもう1枚引いて、遠慮しないで本当のテーマを知ることができます。

2枚目 個性、才能、魅力など、自分が外に表れる時です。羞恥心や恐れを手放して、思い切ってやってみる必要があります。さて、何をするのか、カードをもう1枚引いて知ることができます。

3枚目 将来を、受け取るものを知るのに不安があります。カードをもう1枚引いて、それは何かを知ることができます。

■色の意味

中立、公平、協調、防衛、遠慮、謙遜、控えめ、都会的、知的、クール、侘び、寂、無言、保障、穏便、霊や幻想、復活前、灰、無個性、引きこもり、隠居、残余価値、無価値、防衛（無価値感から）、合理化、失敗、疲労感、望みがない状態、空しさ、曖昧、無個性、無感覚、無意味、悲しみ、薄まる、寂しさ、受動的、否定的、色を失った状態、憂鬱、縁がない、貧困、平凡、重苦しい、陰気、病気、あら探し、自分が理想とする性格タイプに自分自身を当てはめようとしている、リーダーシップへの怖れ、自己表現への怖れ

【18：ホワイト／白】

　白の中心的なテーマは「光」と「忘却」です。白と黒には、「光」と「闇」という対照的な関係があります。白は光の象徴であり、「神性」や「浄化」、「正しさ」や「真実」につながります。また、白は「頭が真っ白になった状態」や「ショックで全ての色を失った状態」も表しています。感じることができない感情や信じることができない現実に「霧」をかけてなかったことにしたい心理です。それは、「逃避」や「否認」、「切り離し」という防衛機制の問題につながります。恐れずに、逃げずに、自分の感情や現実と向かい合う勇気が必要です。「白紙の状態」に自分という絵を描くのはあなた自身なのです。白が出たらもう1枚カードを引いて、忘れているものがなんなのかを見てみましょう。

■ワンカードの意味

　ショックな出来事か悲しい出来事が影響しているのかもしれませんし、何か重要なことを忘れているのかもしれません。空しさや悲しさがあるなら、今は浄化の時です。白い霧が晴れたら、そこにはどんなメッセージがあるのでしょうか？　もう1枚カードを引いてみましょう。

■スリーカードの意味

1枚目 正しさ、潔白、真実というテーマがあります。また、気を逸らす、頭が真っ白になるというテーマかもしれません。カードをもう1枚引いて、真実を知ることができます。

2枚目 真実と向き合う時です。感じたくない感情、知りたくない真実などがあるかもしれません。カードをもう1枚引いて、それは何かを知ることができます。

3枚目 なんらかの真実を知るでしょう。今は正しい方向に向かっています。ただ、真実を知るのに抵抗があるようです。カードをもう1枚引いて、それは何かを知ることができます。

■色の意味

純粋、無垢、素直、明るい、本質、完全性、誕生、起源、目覚め、神性、正しい、真実、浄化、総和、再生、悟り、新しさ、シンプル、清潔、頭が良い、クール、気高さ、無欲、拡張、博愛、誠実、質素、潔白、清楚、信用、平和、汚れない、処女、母、雪、光、陽、色を失う、沈黙、リセット、分離、切り離し、白々しい、禁欲、潔癖、真っ白になる、忘却、強いショック、朧げ、空虚、降伏、負け、自己否定、非社交的、無意味、隠遁、荒涼とした、冷酷、幻覚、幻想

カラーリーディングからカラーセラピーへ……

　色というのは、物理学的には電磁波の一つの領域に過ぎませんが、人にとっては感覚的にも感情的にもさまざまなイメージが浮かび上がる刺激です。そして、そのイメージは多くの人に共通するものもありますが、一人一人違いもあります。人が持つイメージというは、自分に関わるイメージであって、全く自分に関わりのないイメージを思い浮かべることは難しいものです。イメージは無意識から浮かび上がってきます。つまり、色を使えば自分の無意識の声を知ることができるのです。

　カラーリーディングは無意識の自分を知るために色を使う方法ですが、逆に無意識にメッセージを伝えるために色を使うこともできます。例えば、黄色に楽しさや気楽さを感じるのであれば、楽しさや気楽さを感じたい時には黄色をイメージするとよいということになります。ここにも多くの人に共通したイメージはありますが、一人一人違ったイメージというのもありますので、今の自分にとって何色が楽しさや気楽さを感じさせてくれる色なのかを考えてみるといいでしょう。

　また、色は絵画にも部屋のインテリアにも服飾にも使われていますので、色が選ばれる場面にはその選んでいる人の無意識が表現されているかもしれません。あなたが好んで着ている服

の色や持っているものに多い色から感じられるイメージはどのようなものかを考えてみれば、普段あなたが無意識で求めている感情や感覚が何かが分かるかもしれません。

　このように、色というのは無意識の自分を知るために使うこともできますし、自分の気持ちを作り出すこともできる便利な道具なのです。カウンセリングでは相手に感じたことや思ったことを自由に話してもらうための道具として使えますし、リラクゼーションの瞑想やモチベーションアップのための心理誘導にも使えます。色を自分の癒しとして使うことをカラーセラピーといいます。

　色を使う上で大切なのは「自分はその色から何を感じるだろうか」ということです。あなたは何色を思い浮かべるとリラックスしますか？　何色を思い浮かべると元気になりますか？　リラックスする色が赤色であっても、元気になる色が紫色であってもいいのですが、数日経つといつのまにかリラックスする色が変わっていることもあります。色のイメージには今のあなたの心と体の状態が関係しているのです。

　この本があなたの幸せな人生のお役に立てますように……。

　　　　　　　　　　　　　　　　　　　　深瀬啓介

著者プロフィール

深瀬 啓介 (ふかせ けいすけ)

1972年宮城県生まれ。カラーセラピスト、色彩心理研究家。マインドエレメント研究所代表。道都大学を卒業後、仙台にてデザイン専門学校の講師となる。2004年 mixi のコミュニティ『色いろ』を開設し、現在は1万5千人を超える会員を持つ。大学時代から研究していたカラーマネージメントが色彩心理の研究に発展し、ME カラーリーディング、ME カラーヒーリングなどのカラーセラピーのシステムを開発する。現在はヒューマンアカデミー仙台校の非常勤講師としてカラーセラピーの講座を担当。また、専門学校や企業においてカラーセラピーの講座を行っている。マインドエレメント研究所ではカラーセラピスト養成の講座を多数開講している。

マインドエレメント研究所：http://www.exmind.info/

カラーリーディング

2010年1月15日　初版第1刷発行
2022年4月30日　初版第7刷発行

著　者　　深瀬 啓介
発行者　　瓜谷 綱延
発行所　　株式会社文芸社
　　　　　〒160-0022　東京都新宿区新宿1－10－1
　　　　　電話　03-5369-3060（編集）
　　　　　　　　03-5369-2299（販売）

印刷所　　株式会社エーヴィスシステムズ

© Keisuke Fukase 2010 Printed in Japan
乱丁本・落丁本はお手数ですが小社販売部宛にお送りください。
送料小社負担にてお取り替えいたします。
本書の一部、あるいは全部を無断で複写・複製・転載・放映、データ配信することは、法律で認められた場合を除き、著作権の侵害となります。
ISBN978-4-286-08192-2